U0582221

世界上下五千年

国际安徒生
儿童文学奖得主
曹文轩 [鼎力推荐]

鲁云彤/编

难点注释＋知识拓展

回归阅读本质，学以致用 ／

全程指导 ／

· 扫除字句障碍 · 扫除理解障碍 · 扫除感悟障碍 ·

吉林文史出版社
JILINWENSHICHUBANSHE

图书在版编目（CIP）数据

世界上下五千年 / 鲁云彤编 . -- 长春 : 吉林文史出版社 , 2018.4
ISBN 978-7-5472-4723-5

Ⅰ . ①世… Ⅱ . ①鲁… Ⅲ . ①世界史—通俗读物Ⅳ . ① K109

中国版本图书馆 CIP 数据核字 (2017) 第 304792 号

世界上下五千年

SHIJIE SHANGXIA WUQIANNIAN

出 版 人　孙建军
编　者　鲁云彤
责任编辑　于　涉董　芳
责任校对　王　扬 李　萌 薛　雨
排版制作　文贤阁
出版发行　吉林文史出版社有限责任公司
　　　　　（长春市福祉大路 5788 号出版集团 A 座）
　　　　　www.jlws.com.cn
印　刷　唐山富达印务有限公司
版　次　2018 年 4 月第 1 版　2020 年 9 月第 2 次印刷
开　本　710mm × 1000mm　　16 开
字　数　140 千
印　张　12
书　号　ISBN 978-7-5472-4723-5
定　价　22.80 元

翟民安

著名学者、汉语言文学家，北京大学、北京师范大学教授，中国现代语言学奠基人王力得意弟子。

牛兰学

冰心散文奖获得者，河北邯郸市作协副主席，中华伏羲文化研究会全国委员，河北省雁翼研究会理事，邯郸学院客座教授。

厉艳萍

河北省三河市第一中学语文教研组长，高级教师，三河市骨干教师。参编教育部《全日制普通高中语文课程标准》等。

刘解军

　　高级教师，北京市杨镇一中教师。中国青少年写作研究会、全国中学文学社团研究会秘书长等。

牛国昌

　　中学高级教师，河北省优秀教师，河北无极中学语文教师。多次获得省市县级模范工作者、优秀班主任等荣誉。

杨岁虎

　　中学高级教师，甘肃省骨干教师，发表教育文章百余篇。主编参编中学教辅图书多部。

　　苏联教育家苏霍姆林斯基曾说过："让孩子变聪明的方法，不是补课，不是增加作业量，而是阅读、阅读、再阅读。"

　　如果说文化是人类的一份精神遗产，那么阅读就是开启这份遗产的金钥匙。在这份美好的感情和灿烂的文明沃土上，优秀的文学名著传达着人类对生命、对历史、对未来的憧憬和思考，其闪耀的智慧穿越古今中外，经过岁月的磨砺，升华成今天的经典。阅读美好的有价值的文学名著，是了解社会、认知自我的有效途径。

　　让我们一起日不间断地阅读《论语》《诗经》，阅读《红楼梦》，阅读《雾都孤儿》，阅读《安徒生童话》……我们也许会因为书中一段华丽的诗句而心神激扬，也许会为某个主人公的坎坷遭遇而落泪……任思绪随着书中动人的故事飘飞。阅读的过程就是励志、炼心、启智的过程，是水滴石穿、绳锯木断的过程。长此以往，我们积累的是知识，培养的是情感，塑造的是品格，净化的是灵魂……

　　这套丛书兼顾各年龄段读者诵读古诗文、现代文学作品，以及外国文学作品等的阅读习惯，设置了知识链接、专家解疑、智慧引路、名家导读、哲理名言、名师点拨、好词好句、阅读思考、名家品评、重点测试等栏目，增加了读者的阅读乐趣。

名师导读

名家引路，撷取文章精华，提炼中心思想。

专家解疑

专家智慧解答，排开疑难，扫除阅读障碍。

好词好句

内涵丰富的好词佳句，一扫平淡，扩大知识面，轻松掌握语文知识中字词句的要义。

失踪的国家

传说在大西洋的深处有一个国家，名字叫作大西国，它曾经是全世界文明的中心。大西国的创始人是波塞冬，他有十个孩子。最后他将自己的国家分成十份，分别给了自己的孩子，他们就是大西国最初的 10 名摄政王。他们约定彼此友爱，互相帮助，他们的约定实现了吗……

柏拉图曾多次说，大西国的情况是历代口头流传下来的，绝非是他自己的虚构。据说柏拉图还为此亲自去埃及请教了当时有声望

【专家解疑：为众人所仰望的名声。】的僧侣。

胡夫的金字塔，除了以其规模的巨大而令人惊叹以外，还以其高超的建筑技巧而著名。塔身的石块之间，没有任何水泥之类的黏着物，而是一块石头叠在另一块石头上面的。每块石头都被磨得很平，至今虽已历时数千年，但人们仍很难将一把锋利的刀刃插入石块之间的缝隙，所以它能历数千年而不倒，这不能不说是建筑史上的奇迹。

○ 好词好句

惊叹

* 每块石头都被磨得很平，至今虽已历时数千年，但人们仍很难将一把锋利的刀刃插入石块之间的缝隙，所以它能历数千年而不倒，这不能不说是建筑史上的奇迹。

在他的著作《克里齐》里，柏拉图说，大西国原来是全世界文明的中心。它比利比亚和小亚细亚加在一起还要大，它的势力一直延伸到埃及和第勒尼安海。【**名师点拨**：此处通过柏拉图的著作《克里齐》里的记载，侧面介绍了大西国的存在，不仅说它是世界文化的中心，还对大西国的面积进行了概述，表现了大西国在当时的影响力。】

那时开采石头并不容易，因为当时人们既没有炸药，也无钢钎。埃及人当时是用铜或青铜的凿子在岩石上打上眼儿，然后插进木楔，灌上水，当木楔子被水泡胀时，岩石便被胀裂。【**智慧引路**：我们常常惊叹于古代建筑的精巧与宏伟壮丽，同时也惊叹于古人的智慧，这些都告诉我们只要肯思考，任何事情其实都很容易实现。】

有的是生活经验的深刻总结："**鞋子是人们的眼睛，行路增长人的见识**"等。

哲理名言

鞋子是人们的眼睛，行路增长人的见识。

名家品评

　　柏拉图记载的大西国的传说一直流传到今天，虽然人们找到了各种各样的相关资料，但是始终没有办法证……

阅读思考

1. 大西国真的存在吗？它曾经拥有怎样的辉煌？

名师点拨

优秀名师领航，荟萃知识要点，轻松掌握重点、难点。

智慧引路

开启智慧的法门，引领前行，深入思考。

哲理名言

一句名言可以影响人的一生。

名家品评

名家点评，深层解读，全面提升学生的理解能力与思悟能力。

阅读思考

根据内容提出探索性问题，强化对文章内容的理解。

畅读经典文学名著，启迪智慧，唤醒心灵
轻松提升语文水平，素质阅读，拓展思维

本书文学地位

I

历史的道路不是涅瓦大街上的人行道，它完全是在田野中前进的，有时穿过尘埃，有时穿过泥泞，有时横渡沼泽，有时行经丛林。
——俄国哲学家、作家　车尔尼雪夫斯基

II

历史应是人类的教师。
——德国哲学家、心理学家　赫尔巴特

III

历史以人类的活动为特定的对象，它思接万载，视通万里，千姿百态，令人销魂，因此它比其他学科更能激发人们的想象力。
——法国历史学家　马克·布洛赫

IV

我们的历史是一份无比珍贵的遗产，是值得我们自豪的。
——著名历史学家、社会活动家　吴晗

知识链接

作品速览

世界历史是一个漫长而又耐人寻味的过程。通过学习世界历史，我们可以从大历史的兴衰演变中体会生存智慧，从叱咤风云的历史人物经历中感悟人生真谛。辉煌世界史，上下五千年。文明古国的各领风骚，希腊、罗马的风华绝代，中古欧洲的黑暗窒息，封建王朝的步履蹒跚，工业革命的波澜壮阔，资本降临的尔虞我诈，世界大战的血腥残忍，文化艺术的灿烂辉煌，科技力量的深不可测，民主自由的永恒追求……

本书尽量结合知识性与趣味性，以世界范围内的人类历史为主干，用简明、生动的评议概述一个个经典的历史事件，并用明快、形象的笔法描绘出一个个令人难忘的历史人物。本书文字精练，版式新颖，真实、准确地展现了世界五千年的历史文化历程。

上下五千年，有多少谜尚未解开？有多少人盖棺却未定论？有多少事让人欲说还休？每代人都有自己的历史，每代人都需要重新解读历史。

然而，历史从来都是浩渺无边的，文明从来都是纷繁复杂的，我们的生命从来都是有限的。如何以有限的生命去关照无限的历史？如何以当下的时间再现已逝去的往昔？如何让我们以更开阔的视野在历史的河流里徜徉，让我们的思想在文明的幽谷中开花？这对于普通人来说，似乎是个可大可小的难题。

于是，我们开始尝试，尝试帮助读者解决这个难题，为其提供一种新的读史方式。本书以时间为经，分为古代卷、近代卷和现代卷三个部分，以重大历史事件和历史文化名人为纬，讲述各个时期的政治、经济和文化发展。力求雅俗共赏、老少咸宜，从而达到科学性与人文性的完美结合。

情感体验 ◆◇━━━

休谟曾经讲过："历史不仅是知识中很有价值的一部分，而且还打开了通向其他许多部分的门径，并为许多科学领域提供了材料。"通过了解历史，不仅能习得宝贵的人生经验，同时也能充实自己的头脑。

阅读本书，能够使我们的眼界更加开阔，通过了解世界的过去，进而探索未来。如通过阅读《伯里克利和雅典》这一篇，我们就可以知道当时雅典正处于奴隶主阶级的统治之下，那时候的代表人物就是伯里克利，他的一生都在经营奴隶主民主政治，并不断扩张雅典的势力。在雅典奴隶制的经济、政治、军事和文化的繁荣方面，伯里克利发挥了重要作用，他在历史上同样也占有一定的重要地位。伯里克利倡导一种泛希腊事业和建立雅典霸权的活动，这主要是对盟国进行勒索和压迫，这种统治方式对希腊世界的经济发展和政治统一十分有利。但是，实现希腊世界政治统一的历史条件在当时还没有完全成熟。以雅典这样一个还保持着原有制度的城邦的力量，很难完成统一大业。所以，最终的结果就是伯里克利功败垂成。伯里克利去世之后，雅典失去了一位强有力的领导者。经过很长一段时间的较量之后，雅典败在了斯巴达和波斯的联合力量之下。

从中我们可以知道，历史的进步和发展必定伴随着战争和失败，但这段历史并不会因为战争或失败而失去应有的光彩，在经历过千百年之后，它依然在历史的长河中熠熠发光。

▌主角秀场 ◆◆━━━

>> 汉谟拉比

巴比伦王国的第六任国王，经过多次战争之后，他将邻国打败，使巴比伦王国的统治区域扩展至整个两河流域（美索不达米亚），最终他成了巴比伦尼亚帝国的第一任国王。汉谟拉比之所以闻名于世，主要是因为他创立了《汉谟拉比法典》，被誉为是古代立法者。他所创立的法典也成为世界史上第一部成文民法法典，这部法典的核心就是以牙还牙。

>> 彼得大帝

这是后人对彼得一世的尊称，他是俄罗斯历史上最伟大的帝王。他于 1682 年即位，1689 年掌握实权，是俄国沙皇（1682—1725 年）、俄罗斯帝国皇帝（1721—1725 年），同时也是一位非常著名的统帅。他继位后积极兴办工场，发展贸易、文化、教育和科研事业，同时改革军事，建立正规的陆海军，加强封建专制的中央集权制。继而发动了战争，夺得波罗的海的出海口，给俄罗斯帝国打下了坚实基础。他制定的西方化政策是俄罗斯变成一个强国的主要因素。

>> 拿破仑

被称为"法国人的皇帝"，他从小就胸怀大志，多次镇压反动势力的叛乱，完善了世界法律体系，为西方资本主义国家社会秩序的建立奠定了基础，传播了法国资产阶级革命的胜利果实。同时五破反法联盟的入侵，使欧洲各国的封建制度受到沉重打击，捍卫了法国大革命的成果。在执政期间，他积极发动战争，迫使欧洲其余各国臣服，最终形成了庞大的拿破仑帝国体系，创造了一系列军政奇迹与短暂的辉煌成就。

>> 林肯

美国第 16 任总统，黑人奴隶制的废除者，著名的政治家、思想家。在他担任总统期间，美国爆发了南北战争。对于分裂国家的行为，林肯表示坚决反对。他废除了奴隶制度，颁布了《宅地法》《解放黑人奴隶宣言》，但林肯同意北方几个支持联邦政府的州在南北战争之后可继续保有奴隶制度。林肯维护了美利坚联邦及其领土上不分人种、人人生而平等的权利。内战结束之后没过多长时间，林肯就遇刺身亡，他是美国历史上第一位遇刺身亡的总统，也是当今评出的最有作为的总统之一。

▌作品影响 ·◆·

哲人培根说过："读史使人睿智。"是的，因为历史蕴含着经验与真知。学习历史，不仅是为了掌握关于过去的一门学问，更不只是为获得一种展示儒雅、炫耀渊博的资本。了解昨天，更重要的是为了把握今天、创造明天，是为了充实自己的头脑，获得宝贵的人生启迪。

在尊重史实的前提下，以生动有趣的语言讲述一个个历史故事，通过一个个妙趣横生的历史故事展现五千年的世界风貌，以形象、明快的语言描述一个个历史人物，通过一个个栩栩如生的历史人物勾画人类文明发展的踪迹是本书力求突出的特点。另外，为了使本书有一定的直观性，书中还汇集了适量的相关图片，图文并茂，方便读者的阅读与理解。

目录

|Contents|

失踪的国家

传说在大西洋的深处有一个国家，名字叫作大西国，它曾经是全世界文明的中心。大西国的创始人是波塞冬，他有十个孩子。最后他将自己的国家分成十份，分别给了自己的孩子，他们就是大西国最初的 10 名摄政王。他们约定彼此友爱，互相帮助，他们的约定实现了吗？大西国最后怎样了？仔细阅读这篇文章就可以找到想要的答案。

相传，在深深的大西洋洋底，有一个沉没的国家，据说那就是大西国。最早记载大西国的人是希腊大哲学家柏拉图。**在他的著作《克里齐》里，柏拉图说，大西国原来是全世界文明的中心。它比利比亚和小亚细亚加在一起还要大，它的势力一直延伸到埃及和第勒尼安海。**

【**名师点拨**：此处通过柏拉图的著作《克里齐》里的记载，侧面介绍了大西国的存在，不仅说它是世界文化的中心，还对大西国的面积进行了概述，表现了大西国在当时的影响力。】

后来，大西国对埃及、希腊和地中海沿岸的所有其他民族都发动过战争。有一次，大西国对雅典发动了战争，雅典人进行了殊死的抵抗，将大西国的军队击退。不久，一场大地震使大西国沉没于波涛之中。

大西国的创始人是波塞冬。波塞冬娶了当时一位美丽的姑娘克莱托为妻，她为波塞冬生了 10 个儿子。波塞冬把大西国分成 10 个部分，分别交给他的 10 个儿子掌管，他们就是大西国最初的 10 名摄政王。波塞冬的长子阿特拉斯是大西国王位的继承者。**最初的 10 名摄政王曾相约，彼此绝不互动干戈，一方有难，各方支援。**【名师点拨：因为他们是至亲的兄弟，所以他们承诺互相帮助，但事实是这样吗？接着往下阅读，便会知晓。】

大西国的海岸线绵长、高山秀丽、平原辽阔。大西国天然资源丰富，农作物一年可收获两次，人民大多依靠种地、开采金银等贵金属和驯养野兽为生。在城市和野外，到处是鲜花，大西国的许多人便靠**提炼**【专家解疑：用化学方法或物理方法从化合物或混合物中提取（所要的东西）。】香水生活。

在大西国的城市中，人口稠密，热闹非凡。城中遍布花园，到处都是用红、白、黑三种颜色的大理石盖起来的寺庙、圆形剧场、斗兽场、公共浴池等高大的建筑物。码头上，船来船往，许多国家的商人都同大西国进行贸易。

随着大西国越来越强盛，大西国的国王也变得野心勃勃。在贪得无厌的野心驱使下，他决定要发动更大的战争，征服全世界。然而，一场强烈的地震和随之而来的洪水使整个大西国在一天一夜之间便无影无踪了。

根据柏拉图在另外一本书中记载的说法推算，大西国沉没的时间

🔍 **好词好句**

野心勃勃

贪得无厌

* 大西国天然资源丰富，农作物一年可收获两次，人民大多依靠种地、开采金银等贵金属和驯养野兽为生。

大约是 11150 年前。

柏拉图曾多次说，大西国的情况是历代口头流传下来的，绝非是他自己的虚构。据说柏拉图还为此亲自去埃及请教了当时有**声望**【专家解疑：为众人所仰望的名声。】的僧侣。

柏拉图的老师苏格拉底在谈到大西国时也曾说过："好就好在它是事实，这要比虚构的故事强得多。"

如果柏拉图所说的确有其事，那么早在 12000 年前，人类就已经创造了文明，**但这个大西国它在哪里呢？千百年来人们对此一直怀有极大的兴趣。**【名师点拨：人们总是这样，越是不知道的事情，就越想要弄明白，也正是这样的动机推动了故事的发展。】

20 世纪 60 年代以来，在大西洋西部的百慕大海域以及巴哈马群岛、佛罗里达半岛等附近海底，都接连出现过轰动全世界的奇迹。

1968 年的某一天，巴哈马群岛的比米尼岛附近的大西洋洋面上一片平静，海水像透亮的玻璃，一望到底。几名潜水员在坐小船返回比米尼岛途中，有人突然惊叫了起来："海底有条大路！"几个潜水员不约而同地向下看去，果然有一条用巨石铺设的大路躺在海底。这是一条用长方形和多边形的平面石头砌成的大道，石头的大小和厚度不一，但排列整齐，轮廓鲜明。这是不是大西国的驿道呢？【名师点拨：潜水员无意中发现了沉没于海底的道路，路是用长方形和多边形的平面石头铺就的，海底怎么会有这样的道路呢？这很有可能就是大西国的驿道，不禁让人们产生疑问。】

20 世纪 70 年代初，一群科学研究人员来到了大西洋的亚速尔群岛附近。他们从 800 米深的海底取出了岩心，经过科学鉴定，这个地方在 12000 年前确实是一片陆地，用现代科学技术推导出来的结论竟然同柏拉图的描述惊人地一致！这里是不是大西国沉没的地方呢？

1974年，苏联的一艘海洋考察船在大西洋下拍摄了8张照片，这些照片拼凑起来共同构成了一座宏大的古代人工建筑！这是不是大西国人建造的呢？

1979年，美国和法国的一些科学家使用十分先进的仪器，在百慕大"魔鬼三角"海底发现了金字塔！塔底边长约300米，高约200米，塔尖离洋面仅100米，比埃及的金字塔大得多。塔下部有两个巨大的洞穴，海水以惊人的速度从洞底流过。

这座金字塔是不是大西国人修筑的呢？大西国军队曾征服过埃及，是不是大西国人将金字塔文明带到了埃及呢？美洲也有金字塔，是来源于埃及，还是来源于大西国？【**名师点拨**：这一系列问题不仅表现出人们对大西国的好奇，同时也不断诱使人们为了揭开这些谜团而不断探索。】

1985年，两位挪威水手在"魔鬼三角"海域之下发现了一座古城。在他俩拍摄的照片上，有平原、纵横的大路和街道、圆顶房屋、角斗场、寺院、河床……他俩说："绝对不要怀疑，我们发现的是大西国！和柏拉图描绘的一模一样！"这是真的吗？

遗憾的是，百慕大的"海底金字塔"是用仪器在海面上探测到的，迄今还没有一位科学家能确证它是一座真正的人工建筑物，因为它也可能就是一座角锥状的水下山峰。

苏联考察人员拍下来的海底古建筑**遗址**【**专家解疑**：毁坏的年代较久的建筑物所在的地方。】照片，目前也没有人可以证实它就是大西国的遗址。

比米尼岛大西洋底下的石路，据说后来有科学家曾经潜入洋底，在"石路"上采回标本进行过化验和分析。结果表明,这些"石路"距今还不到 1 万年。如果这条路是大西国人修造的话,它至少不应该少于 1 万年。至于那两个挪威水手的照片,至今也无法验证。

唯一可以得到的正确结论是,在大西洋底确实有一块沉下去的陆地。【名师点拨:谜底似乎在这时候已经有了答案,但这个答案并不明确,还需要有更加明确的证据才能证明事实的真相。】

所以,如果大西洋上确实存在过大西国,大西国确实像传说中的那样沉没在大西洋底,那么,在大西洋底就一定能找到大西国的遗迹。

遗憾【专家解疑:①遗恨。②不称心;大可惋惜(在外交方面常用来表示不满和抗议)。】的是,至今还没有任何一个考古学家宣布说,他已经在大西洋底发现了大西国的遗物。所以直到今天,大西国依然是一个千古之谜。

名家品评

柏拉图记载的大西国的传说一直流传到今天，虽然人们找到了各种各样的相关资料，但是始终没有办法证实这些资料与大西国有直接关系。人们不断利用各种各样的仪器对海底进行勘察，但迄今为止，大西国仍然是一个未解之谜，等待着人们前往探究、解答。

阅读思考

1. 大西国真的存在吗？它曾经拥有怎样的辉煌？

2. 大西国是怎样覆灭的？

3. 人们通过怎样的方式来验证大西国的存在？

金字塔 千古之谜

相传，在很久以前，古埃及所有的人在死后都会葬入一种用泥砖建成的长方形的坟墓，古代埃及人叫它"马斯塔巴"，后来因为一位年轻人的设计，出现了金字塔的雏形。那么，他是怎样建造成闻名世界的金字塔的？金字塔又拥有怎样迷人的特质呢？为什么吸引着络绎不绝的人前去探访？阅读下面的故事，你将会找到满意的答案。

相传，在古埃及第三王朝之前，无论王公大臣还是老百姓死后，都被葬入一种用泥砖建成的长方形的坟墓，古代埃及人叫它"马斯塔巴"。后来，有个聪明的年轻人叫伊姆荷太普，在给埃及法老左塞王设计坟墓时，发明了一种新的建筑方法。他用山上采下的呈方形的石块来代替泥砖，并不断修改修建陵墓的设计方案，最终建成一个六级的梯形**金字塔【专家解疑**：古代埃及、美洲的一种建筑物，是用石头建成的三面或多面的角锥体，远看像汉字的"金"字。埃及金字塔是古代帝王的陵墓。】——这就是我们现在所看到的金字塔的雏形。

在古代埃及文中，金字塔是梯形分层的，因此又称作层级金字塔。这是一种高大的角锥体建筑物，底座呈四方形，每个侧面都是三角形，样子就像汉字的"金"字，所以我们叫它"金字塔"。伊姆荷太普设计的塔式陵墓是埃及历史上的第一座石质陵墓。

左塞王之后的埃及法老纷纷效仿他，在生前就大肆为自己修建坟墓，从此在古埃及掀起一股营造金字塔之风。【名师点拨：正是因为当时兴起了建造金字塔之风，所以今天的我们才能看到如此多的宏伟建筑。】由于金字塔起源于古王国时期，而且最大的金字塔也建在此时期内，因此，埃及的古王国时期又被称为"金字塔时代"。

古代埃及的法老们为什么要将坟墓修成角锥体的形式，即修成汉字中的金字形呢？

原来，在最早的时候，埃及的法老是准备将马斯塔巴作为死后的永久性住所的。后来，大约在第二至第三王朝的时候，埃及人产生了国王死后要成为神，他的灵魂要升天的观念。【名师点拨：因为人们的思想改变，认为法老死后就会成神，金字塔的作用就成了法老成神的阶梯。】在后来发现的《金字塔铭文》中有这样的话：

"为他（法老）建造起上天的天梯，以便他可由此上到天上。"

金字塔就是这样的天梯。

同时，角锥体金字塔形式又表示对太阳神的崇拜，因为古代埃及太阳神"拉"的标志是太阳光芒。金字塔象征的就是刺破青天的太阳光芒。因为，当你站在通往基泽的路上，从金字塔棱线的角度上向西方看去，可以看到金字塔像洒向大地的太阳光芒。

《金字塔铭文》中有这样的话："天空把自己的光芒伸向你，以便你可以去到天上，犹如拉的眼睛一样。"后来古代埃及人对方尖碑的崇拜也有这样意义，因为方尖碑也表示太阳的光芒。

古埃及所有金字塔中最大的一座，是第四王朝法老胡夫的金字塔。

这座大金字塔原高 146.59 米，经过几千年来的风吹雨打，顶端已经被剥蚀了将近 10 米。在 1888 年巴黎建起埃菲尔铁塔以前，它一直是世界上最高的建筑物。这座金字塔的底面呈正方形，每边长 230 多米，绕金字塔一周，差不多要走一公里的路程。

胡夫的金字塔，除了以其规模的巨大而令人惊叹以外，还以其高度的建筑技巧而著名。塔身的石块之间，没有任何水泥之类的黏着物，而是一块石头叠在另一块石头上面的。每块石头都被磨得很平，至今虽已历时数千年，但人们仍很难将一把锋利的刀刃插入石块之间的缝隙，所以它能历数千年而不倒，这不能不说是建筑史上的奇迹。

另外，在大金字塔身的北侧离地面 13 米高处有一个用 4 块巨石砌成的三角形出入口。这个三角形用得很巧妙，因为如果不用三角形而用四边形，那么，一百多米高的金字塔本身的巨大压力将会把这个出入口压塌，而用三角形，就使那巨大的压力均匀地分散开了。在四千多年前对力学原理能有这样的理解和运用，能有这样的构造，确实是十分了不起的。胡夫死后不久，在他的大金字塔不远的地方，又建起了一座金字塔。这是胡夫的儿子哈夫拉的金字塔。它比胡夫的金字塔低 3 米，但由于它的地势稍高，因此看起来似乎比胡夫的金字塔

🔍 好词好句

惊叹

巧妙

＊每块石头都被磨得很平，至今虽已历时数千年，但人们仍很难将一把锋利的刀刃插入石块之间的缝隙，所以它能历数千年而不倒，这不能不说是建筑史上的奇迹。

还要高一些。塔的附近建有一个雕着哈夫拉的头部且配着狮子身体的大雕像【**专家解疑**：雕刻的人像，有时也包括动物的形象。】，即"狮身人面像"，西方人称它为"司芬克斯"。雕像高 20 米，长 57 米，仅一只耳朵就有两米高。它至今已有 4500 多年的历史。**为什么刻成狮身呢？在古埃及神话里，狮子乃是各种神秘地方的守护者，也是地下世界大门的守护者。**【**名师点拨**：在这里作者运用了设问的写作方法，提出问题吸引了读者的注意力，之后再对这个问题进行解答，增加了故事的可读性。】因为法老死后要成为太阳神，所以就造了这样一个狮身人面像为法老守护门户。

第四王朝以后，其他法老虽然建造了许多金字塔，但规模和质量都不能和上述金字塔相比。第六王朝以后，随着古王国的分裂、法老权力下降以及埃及人民的反抗，再加上有些人的盗墓，常把法老的"木乃伊"（木乃伊：即干尸。古代埃及人用防腐的香料殓藏尸体，年久干瘪，即形成木乃伊。古埃及人笃信人死后，其灵魂不会消亡，仍会依附在尸体或雕像上。所以，等法老王死后，均制成木乃伊，作为对死者永生的企盼和深切的缅怀。）【**名师点拨**：古埃及人用防腐的香料殓藏尸体，经年累月之后，尸体逐渐干瘪，就成为了木乃伊，人们始终相信灵魂会附着在尸体上，表现出人们对死者的缅怀。】从金字塔里拖出来，所以埃及的法老们也就不再建造金字塔，而是在深山里开凿秘密陵墓了。

如果说关于金字塔大胆而奇妙的设计的传说还能为现代人所接受，那么它的如此巨大规模的建造过程就难以令人想象了。胡夫的金字塔是用上百万块巨石垒起来的，每块石头平均有两吨多重，最大的有 100 多吨重。这些巨石是从尼罗河东岸开采出来的，既无吊车装卸，也无轮车运送。

被称为"西方史学之父"的希罗多德曾记载，建造胡夫金字塔的石头是从"阿拉伯山"（可能是西奈半岛）开采来的。不过我们现在知道，石头多半是从本地开采的，修饰其表面的石灰石是从河东的图拉开采运来的。那时开采石头并不容易，因为当时人们既没有炸药，也无钢钎。埃及人当时是用铜或青铜的凿子在岩石上打上眼，然后插进木楔，灌上水，当木楔子被水泡胀时，岩石便被胀裂。【**智慧引路**：我们常常惊叹于古代建筑的精巧与宏伟壮丽，同时也惊叹于古人的智慧，这些都告诉我们只要肯思考，任何事情其实都很容易实现。】这样的方法在今天看来也许很**笨拙**【**专家解疑**：笨；不聪明；不灵巧。】，但在 4000 多年前，却是很了不起的技术。巨石从采石场运往金字塔工地也极为困难，古代埃及人是将石头装在雪橇上，用人和牲畜拉。为此需要宽阔而平坦的道路，仅修建运输石料的路和金字塔的地下墓室就用了 10 年的时间。

在建造胡夫金字塔时，胡夫强迫所有的埃及人为他做工，他们被分成 10 万人的大群来工作，每一大群人要劳动 3 个月。这些劳动者中有奴隶，但也有许多普通的农民和手工业者。古埃及人是借助畜力和滚木把巨石运到建筑地点的，他们又将场地四周天然的沙土堆成斜坡，把巨石沿着斜坡拉上金字塔。就这样，堆一层坡，砌一层石，逐渐加高金字塔。建造胡夫金字塔花了整整 20 年的时间。

对于希罗多德的说法，后人提出了许多疑问，但是到今天它仍然是一个没有人能做出完满答案的难题。人们怎能不佩服埃及人民的伟大力量和智慧！【**名师点拨**：关于金字塔的很多疑问，现在的人们借助现代化的仪器依然没有找到令所有人满意的答案。使人们在惊叹的同时，也

吸引着人们不断进行探索。】

随着飞碟观察和研究活动的越来越广泛，有人甚至把神秘的金字塔同变幻莫测的飞碟上的外星人联系起来。他们认为，在几千年前，人类是不可能有建造金字塔这样的能力的，只有外星人才能有。他们经过计算还发现，通过开罗近郊胡夫金字塔的经线把地球分成东、西两个半球，它们的陆地面积是相等的。这种"巧合"大概就是外星人选择金字塔建造地点的用意。

然而，一位叫戴维·杜维斯的法国化学家提出了一个关于金字塔建造的全新见解。他认为，建造金字塔的巨石不是天然的，而是人工浇筑的。他从一位考古学家那里得到 5 块从埃及胡夫金字塔上取下的小石块，对它们逐个加以化验。出乎意料的是，化验结果证明，这些石块由贝壳石灰石组成。尽管考古证明，人类在几千年前就已掌握了混凝土制作技术，但这些贝壳石灰石浇筑得如此坚如磐石【专家解疑：厚而大的石头。】，以致很难将它们与花岗岩区别开来，实在令人难以相信。

戴维·杜维斯由此推测，当时古埃及人建造金字塔是采用"化整为零"的办法，即将搅拌好的混凝土装进筐子，抬上或背上正在建造中的金字塔。这样，只要掌握一定的技术，就能浇筑出一块块的巨石，将塔一层一层加高，这种做法既省力又省工，据他估计【专家解疑：根据某些情况，对事物的性质、数量、变化等做大概的推断。】，当时在工地上劳动的人仅有 1500 人，而不是像希罗多德所说的那样每批都有 10 万人。

更出乎意料的是，这位法国科学家还在石块中发现了一绺一英寸长的人的头发。这绺头发可能就是他们辛勤劳动和灿烂智慧的见证。

但上述这些说法都还是一些推测。

但无论如何，修建金字塔，一定是集中了当时古代埃及人的所有聪明才智，因为它需要解决的难题肯定是很多的。但是这些问题都解决了，金字塔建起来了，而且屹立了 4000 多年，至今仍然很坚固，这本身就是一大奇迹。所以，可以说，金字塔是古代埃及人民智慧的结晶，是古代埃及文明的象征。

有的人不相信依靠简单的协作就可以创造出奇迹，不相信地球上的人类自身会创造出金字塔这样的奇迹，而把它说成是"天外来客"的创造。这显然是不正确的，这无助于人们探索自己的历史，认识自己的能力。

名家品评

　　古埃及的金字塔拥有一种神奇的魔力，它屹立于撒哈拉沙漠当中，尼罗河之畔，是古埃及人民汗水和智慧的结晶。虽然它只是古埃及法老的陵墓，但它无穷的魅力吸引着一批又一批科学家和学者前来探索，他们为之着魔甚至疯狂，但至今依然没有办法解答金字塔之谜。

阅读思考

1.金字塔的雏形是怎样的？最初是由谁设计的？

2.人们是用怎样的方式将巨大的石块运到金字塔的上方的？

3.法国化学家戴维·杜维斯提出的关于金字塔的全新见解是怎样的？

令人神往的 美索不达米亚

人类历史上最古老的文明之一就是底格里斯和幼发拉底两河流域古代文明，古希腊人将其称为"美索不达米亚"。它又可以分为两部分，南边叫巴比伦尼亚，北边叫亚述。地理位置相当于今天的伊拉克一带，苏美尔人是那里最早的居民。他们创造了怎样的文明，又拥有怎样的迷人之处？仔细阅读下面的故事，你也将会被吸引。

底格里斯和幼发拉底两河流域古代文明，是人类历史上最古老的文明之一。古希腊人把两河流域叫作"美索不达米亚"，意思是"两河之间的地方"。美索不达米亚又分两部分，南边叫巴比伦尼亚，北边叫亚述。就今天来说，两河流域相当于今天的伊拉克一带。

两河流域文明时代最早的居民是苏美尔人。他们在公元前4000年以前就来到了这里，两河流域的最初文明就是他们建立的。属于塞姆语系的阿卡德人、巴比伦人（阿摩列伊人）、亚述人以及迦勒底人，

继承【**专家解疑**：①依法承受（死者的遗产等）。②泛指把前人的作风、文化、知识等接受过来。③后人继续做前人遗留下来的事业。】和发展了苏美尔人的成就，使两河流域的文明成为人类文明史上重要的一页。其中，属巴比伦人的成就最大，因此，两河流域的文明又被称为巴比伦文明。

两河流域文明起源于两河流域南部。这里是两河的冲积平原和三

角洲，同埃及的尼罗河一样，两河也是定期泛滥，时涨时落，只有建起堤坝沟渠来蓄水排涝，人们才能耕种收获。两河流域的居民主要使用牛、驴拉着木犁耕地，最主要的农作物是大麦和椰枣。大麦酒是人们最喜欢喝的饮料之一，椰枣是人们的主食之一。

古代两河流域人民编写了人类历史上最早的农书《农人历书》。《农人历书》是以一个老农民教育儿子的语气写的。这位老农民对儿子不厌其烦地讲述应该如何务农，要注意的各种事情。比如，怎样节省灌溉用水、不要让牲畜践踏田地、驱赶食谷的飞鸟和及时收割等。

【名师点拨：一个老农民以教育儿子的语气写下了《农人历书》，将如何务农，要注意的各种事情不厌其烦地写在了上面，不仅是父亲对儿子的谆谆教导，在后人心中同样也是一笔不小的财富。】

大约在 5000 年前，古代两河流域的居民就会制作陶器了。他们制作的陶器主要是彩陶，色彩绚丽夺目，有的还涂多层。人们常用的生活用具像酒杯、油缸、炉子、灯盏等几乎全是陶质的。最有趣的是，人死后用的棺椁也是用陶土烧制，形状像个有盖的长方形大箱。

古代两河流域缺少石料，最主要的建筑材料是黏土。垒墙、盖房、铺路，都使用黏土掺上切碎的大麦的秸秆制作的土砖。古代两河流域的城市建筑物都是用这种黏土修建的。

古代两河地区的金属制造工艺达到了相当纯熟的水平。我国商代有司母戊大方鼎，大约在同一时期，两河流域有重约两吨的青铜铸像。 【名师点拨：作者在这里运用了对比的写作手法，通过对比，让读者能更加清晰地了解两河流域的历史。】手工业行业很多，如制砖、织麻、刻石、珠宝、皮革、木业等。

古代两河流域人民在文化上也有巨大的成就，他们在人类文化宝库中留下了一笔丰厚的遗产。他们很早就有了文字，这就是著名的**楔形文字**【专家解疑：公元前3000多年美索不达米亚南部的苏美尔人创造的文字，笔画像楔子，古代巴比伦人、亚述人、波斯人等都曾使用这种文字。】。虽然这种文字始终没有发展成拼音文字，但在人类早期文字中，它是发展得比较完备的一种。

两河流域在文学上的主要成就是谚语、神话和史诗。苏美尔人丰富的谚语有少数被记录在泥版文书上，其中有的反映了当时的社会矛盾和风气。比如："穷人死掉比活着强""想吃肉就没有羊了，有了羊就吃不上肉了""妻子是丈夫的未来，儿子是父亲的靠山，儿媳是公公的克星"。有的是生活经验的深刻总结：**"鞋子是人们的眼睛，行路增长人的见识"**等。

两河流域的神话传说引起后人极大的兴趣。人们发现，基督教《圣经·旧约》中的一些故事的渊源就在古代两河流域。如有一首叙述神创造世界故事的诗歌与《圣经》的创世故事十分相像，都说神在第六

🕮 哲理名言

鞋子是人们的眼睛，行路增长人的见识。

天创造了人、第七天休息。《圣经》中讲蛇引诱亚当、夏娃偷食禁果，两河流域的神话也讲人的祖先因受到引诱而犯罪。

《吉尔伽美什》史诗是古代两河流域最有名的英雄史诗，诗中塑造了一个蔑视神意、为民造福的英雄形象，并表达了人们希望获知生死秘密的愿望。它是世界上最早的史诗。两河流域科学的主要成就表现在数学和天文学方面。**苏美尔人已经知道 10 进位制和 60 进位制，后者在古代两河流域的应用更为广泛。我们今天度量时间用小时、分、秒以及把一圆周分为 360 度，都是继承了两河流域古人的成果。**【名师点拨：苏美尔人的很多创造一直到现在我们还在使用，如时间单位以及将圆分为 360 度。这些充分体现出后人对他们的认可以及他们的聪明才智。】他们的面积单位、重量单位也多是 60 进位制。古希腊、罗马都采用了这里的一些重量单位，欧洲有的地方甚至一直沿用到 18 世纪。

古代两河流域的天文历法知识直接影响了欧洲的天文学。苏美尔人按照月亮的盈亏把一年分为 12 个月，共 354 天，同时设闰月调整阴历与阳历之间的差别。到公元前七世纪，又形成了 7 天一星期的制度，每天各有一位星神"值勤【专家解疑：部队中的人员或负责治安保卫、交通等工作的人员值班。】"，并以他命名这一天，其顺序是：

星期日（太阳神）

星期一（月神）

星期二（火星神）

星期三（水星神）

星期四（木星神）

星期五（金星神）

星期六（土星神）

直到今天，欧洲各国每周 7 天仍以这 7 星命名。【**名师点拨**：很多文明与智慧都已经随着时间的流逝而逐渐消失在历史的长河中，但是这句话说明，我们可以直观地看出两河流域文明对后世的影响。】不过，当时的历法仍是粗糙而不甚准确的。

此外，古代两河流域人民也有关于药物、植物、动物、地理等方面的丰富知识。

早在 5000 多年前，两河流域的人们就创造出这样发达的文明，真是令人叹为观止。欧洲古代文明的最高成就是古希腊文化。然而，当古希腊人还没有迈进文明时代的时候，两河流域的文明就已经延续了约 2000 年。希腊人后来的许多成就，就是在两河流域文明的基础上发展起来的。

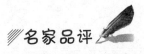 名家品评

　　两河流域的人民早在 5000 多年前就已经拥有了发达的文明。他们创造了楔形文字，拥有了关于农业的专门著作《农人历书》，他们在数学和天文方面做出了巨大的贡献。直到今天，他们的文明依然沿用，他们在历法方面同样拥有比较先进的文明，后来的很多文明也都是基于两河流域文明建立起来的。

阅读思考

1.《农人历书》的作者是谁？这本书记录了哪些内容？

2. 两河流域在文学上有哪些成就？请举例说明。

3. 两河流域在数学和天文学方面的成就有哪些？请举例说明。

汉谟拉比和刻在石柱上的法典

用楔形文字书写的《汉谟拉比法典》是世界上最早的一部比较系统的法典，经过考古学家的发掘，它将我们带到了近4000年前的古巴比伦社会。位于幼发拉底河和底格里斯河流域的古巴比伦王国出现了一位很有才干的国王，叫作汉谟拉比。他勤政爱民，将自己的国家发展成了一个非常强盛的国家。那么汉谟拉比法典是怎样出现的？它拥有怎样的意义？阅读下面的文章，你将会找到答案。

1901年12月，由法国人和伊朗人组成的一支考古队在伊朗西南部一个名叫苏撒的古城旧址上进行发掘工作。一天，他们发现了一块黑色玄武石，几天以后又发现了两块，将三块拼合起来，恰好是一个圆柱形的石碑。

这块石碑高2.25米，底部圆周1.9米，顶部圆周1.65米。在石碑上半段那精致的浮雕中，古巴比伦人崇拜的太阳神沙马什端坐在宝座上，古巴比伦王国国王汉谟拉比，恭敬地站在他的面前，沙马什正在将一把象征【专家解疑：①用具体的事物表现某种特殊意义。②用来象征某种特别意义的具体事物。】帝王权力标志的权标授予汉谟拉比。石碑的下半段，刻着汉谟拉比制定的一部法典，是用楔形文字书写的。其中有少数文字已被磨光。这个石碑就是著名的"汉谟拉比法典"，也是世界上最早的一部比较系统的法典。它把我们带到了近 4000 年前的古巴比伦社会。

古巴比伦王国位于幼发拉底河和底格里斯河流域，大体相当于今天的伊拉克。公元前 1792 年，汉谟拉比成为古巴比伦国王。汉谟拉比是一位很有才干的国王，他勤于朝政，关心农业、商业和畜牧业的发展，也关心税收，处理各种案件。他在位 40 年，使古巴比伦成了一个强盛的国家。

汉谟拉比每天要处理的申诉案件太多，简直应付不了。他就让臣下把过去的一些法律条文收集起来，再加上社会上已形成的习惯，编成了一部法典 —— 《汉谟拉比法典》。汉谟拉比命人把法典刻在石柱上，竖立在巴比伦马都克大神殿里。【名师点拨：此处介绍了世界上第一部法典的诞生过程。法典的诞生不仅解决了当时的问题，同时也给后世留下了研究古巴比伦的重要文献。】

这部法典一共有 282 条，刻在圆柱上共 52 栏 4000 行，约 8000 字。圆柱挖掘出来的时候，正面 7 栏（35 条）已经损坏，其余的基本完整。上面的字迹优美，是一种只有王室才使用的楔形字体。

汉谟拉比法典分为序言、正文和结语三部分。正文共有 282 条，其中包括诉讼手续、盗窃处理、租佃、雇佣、商业高利贷和债务、婚姻、遗产继承、奴隶地位等条文。《汉谟拉比法典》比较全面地反映了当

🔎 好词好句

才干
强盛
* 汉谟拉比是一位很有才干的国王，他勤于朝政，关心农业、商业和畜牧业的发展，也关心税收，处理各种案件。

时的社会情况。

在巴比伦社会中，除了奴隶主和奴隶，还有自由民。这部法典的很多条文是用来处理自由民的内部关系的。处理的原则就是"以牙抵牙，以眼还眼"。比如，两个自由民打架，一个人被打瞎了一只眼睛，对方就同样要被打瞎一只眼睛作为赔偿【**专家解疑**：因自己的行为使他人或集体受到损失而给予补偿。】；被人打断了腿，也要把对方的腿打断；被人打掉牙齿，就要敲掉对方的牙齿。甚至有这样的规定：如果房屋倒塌，压死了房主的儿子，那么，建造这所房屋的人得拿自己的儿子抵命。

《汉谟拉比法典》对奴隶主、自由民、奴隶有着不同的规定：**如果奴隶主把一个自由民的眼睛弄瞎，只要拿出一定数量的银子就可了事。如果被弄瞎眼睛的是奴隶，就不用任何赔偿。**【**名师点拨**：当时正处于奴隶社会，奴隶社会最主要的特点就是森严的等级制度，通过这句话就能明显表现出来。】奴隶如果不承认这是他的主人，只要主人拿出他是自己的奴隶的证明，这个奴隶就要被割去双耳。法典甚至规定奴隶打了自由民的嘴巴也要处以割耳的刑罚。属于自由民的医生给奴隶主治病，也是胆战心惊的。因为，如果奴隶主在开刀的时候死了，医生就要被剁掉双手。

为了巩固奴隶主的统治，法典还规定了一些更严厉的条款：逃避兵役的人一律处死；破坏桥梁水利的人将受到严厉处罚，直到处死；帮助奴隶逃跑或藏匿逃亡奴隶，都要处死；如果违法的人在酒店进行密谋，店主如果不把这些人捉起来，店主也要被处死。【**名师点拨**：虽然《汉谟拉比法典》是世界上最早的法典，但是，由于当时的社会是奴隶制社会，法典的存在最终还是维护奴隶主的权益。体现了法典的阶级局限性。】

巴比伦社会里的自由民还包括租种土地的小农。他们也受着奴隶主的沉重剥削，他们每年要把收获量的三分之一，甚至是二分之一缴给出租土地的奴隶主。法典中还规定：债务奴隶劳动3年可以恢复自由。但这仅仅是给自由民的一点儿小恩小惠。奴隶主逼迫一些还不起债的自由民成为债务奴隶，反过来又用这种规定来笼络【专家解疑：用手段拉拢。】他们。

有个名叫乌巴尔·沙马什的小农，租种了奴隶主义鲁姆·巴尼的一小块儿土地，全家人累死累活地干了一年，好不容易盼到了秋收。但是，粮食刚收上来，义鲁姆·巴尼就瞪着血红的眼睛上门逼租了，富商伊兴杜姆也上门索取乌巴尔·沙马什这年春天向他借的500斤粮食。乌巴尔·沙马什交了租，还了债，再交完了各种苛捐杂税，一年的劳动成果全部付诸东流【专家解疑：把东西扔在东流的水里冲走，比喻希望落空，前功尽弃。也说付之东流。】。乌巴尔·沙马什只得把子女卖为奴隶，他本人也沦为债务奴隶。

正是依靠这部法典，汉谟拉比时代的巴比伦社会成为古代东方奴隶制国家中统治最严密的国家。

那么这部石柱法典是怎样从巴比伦"跑到"苏撒的呢？原来苏撒也是一座5000年前的古代都城。公元前3000多年以前，在今天伊朗迪兹富尔西南的苏撒盆地有一个强大的奴隶制王国，叫埃兰（又译"依兰"）。古城苏撒就是埃兰王国的首都。公元前1163年，埃兰人攻占了巴比伦之后，便把刻着《汉谟拉比法典》的石柱作为战利品带回了苏撒。埃兰王国后来被波斯灭亡。公元前6世纪时，波斯帝国国王大流士上台后，又把波斯帝国的首都定在苏撒。这个石柱法典便又落到了波斯人手中。【名师点拨：这里与第一段相照应，解答了本来应该在伊

拉克境内的《汉谟拉比法典》为什么会在古城苏撒出现，让我们知道了当时社会的更迭。】

那么发掘出来的圆柱正面7栏已被损坏，又是怎么回事呢？原来，埃兰国王打算在圆柱正面刻上自己的功绩。可是，在毁去原来的字迹后，不知为什么并没有刻上新字。

这件稀世珍宝现在还收藏在巴黎的卢浮宫博物馆。圆柱上被涂毁的7栏文字，可以根据后来发现的《汉谟拉比法典》的泥版文书进行校补。所以，"石柱法典"仍是世界上现存的一部最古老、最完整的法典。

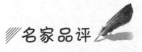名家品评

位于幼发拉底河和底格里斯河流域的巴比伦王国，因为众多的申诉事件，国王汉谟拉比命人将法律和当时的社会习惯融合起来，并将其刻在了石柱上，这就是著名的《汉谟拉比法典》。该法典列举了很多相关的案例，同时在很大程度上维护了奴隶主的权益。它是世界上最早的法典，为之后的法制奠定了基础。

阅读思考 ··

1.《汉谟拉比法典》是怎样被发现的？

2.《汉谟拉比法典》上面都记录了哪些内容？

3.为什么会在苏撒发掘出《汉谟拉比法典》呢？

寻找金『约柜』和『所罗门珍宝』

耶路撒冷是一座举世闻名的圣城。世界上唯一被犹太教徒、伊斯兰教徒和基督教徒共同尊奉为"圣地"的城市就是耶路撒冷，但这是为什么呢？耶路撒冷经历过哪些事情？金"约柜"和"所罗门珍宝"又是怎么一回事呢？通过以下的阅读，你将会找到满意的答案。

耶路撒冷，是一座举世闻名的圣城，它是世界上唯一被犹太教徒、伊斯兰教徒和基督教徒共同尊奉为"圣地"的城市。耶路撒冷坐落在地中海东岸的巴勒斯坦中部，最早叫"耶布斯"。传说，在公元前2000年左右，一个被称为耶布斯人的**部落【专家解疑**：由若干血缘相近的氏族结合而成的集体。】首先来这里筑城定居。后来，另一个叫迦南人的部落也来到了这里。他们把这个城市叫作"尤罗萨利姆"，意思就是"和平之城"。

在公元前1000年左右，犹太人的首领大卫攻占了这座城市，并把它作为自己的首都，建立了统一的犹太王国。犹太人把迦南人所起的城名希伯来语化，叫作"犹罗萨拉姆"，汉语译为"耶路撒冷"。"耶路"是"城市"的意思，"撒冷"是"和平"的意思，合起来也就是"和平之城"。阿拉伯人则习惯把耶路撒冷叫作"古德斯",也就是"圣城"的意思。把耶路撒冷建成一座名副其实的都城的人,是大卫王的儿子所罗门王。他在耶路撒冷**大兴土木【专家解疑**:大规模兴建土木工程,多指盖房子。】,建造了一系列的城市建筑,其中最为著名的是一座巨大的犹太教圣殿。这座圣殿长 200 多米,宽 100 多米,用了 7 年的时间才建成。这座圣殿成了犹太人心目中的圣地,从此,犹太教徒开始把耶路撒冷视为自己的圣城。

所罗门的犹太教圣殿建在耶路撒冷的锡安山上,周围还筑了一道石墙。相传,犹太教最为珍贵的圣物金"约柜"和"西奈法典"就放在圣殿的圣堂里。

金"约柜"里装着以色列人最崇拜的上帝耶和华的圣谕。这是当年摩西在西奈山顶上得到的。上帝还授予摩西一套法典和教规,要以色列人时时事事都要遵守照办。摩西得到圣谕和"西奈法典"后,就让两个能工巧匠用黄金特制了一个金柜,这就是金"约柜"。

除了犹太教的最高长老(即祭司长)有权每年进入一次圣堂探视圣物外,其他任何人不得进入圣堂。

所罗门极为富有。据说,所罗门每年仅从各个属国就征收相当于 666 塔兰黄金(1 塔兰相当于 150 公斤)的贡品。所罗门将他搜刮的金银财宝都存放在圣殿里,这就是历代相传的"所罗门珍宝"。【**名师点拨**:这里讲述了"所罗门珍宝"的来源,所罗门每年从各个附属国征收大量财宝,并将这些财宝放到圣殿中,点出了主题。】

所罗门死后,犹太王国分裂成两个国家。以耶路撒冷为中心的南方仍由所罗门的后代继续统治,叫犹太国。北方则另立王朝,叫作以色列。**由于以色列没有宗教中心,祭司们都到耶路撒冷的犹太圣殿献**

祭，教民们也仍然到这里朝圣，因为唯一的圣物——金"约柜"仍在这里。【**智慧引路**：虽然犹太王国已经分裂，但他们共有的信仰让他们依然将耶路撒冷作为圣城。这就告诉我们无论外界如何变化，都要坚持自己内心最神圣的那一部分。】

到了公元前 590 年，新巴比伦王尼布甲尼撒二世第二次进兵犹太，耶路撒冷在被困 3 年以后，终于在公元前 586 年被巴比伦军队攻占，王宫和圣殿全被烧毁，大批的犹太人被押送到巴比伦，这就是前面所提到的"巴比伦之囚"。从此，无价之宝金"约柜"和"所罗门珍宝"下落不明。

几千年来，许多人都想找到金"约柜"和"所罗门珍宝"，但直到今天，仍无结果。

最早开始寻找金"约柜"的是以色列的一个长老耶利来。耶利来在耶路撒冷被攻陷时，躲了起来，没有被巴比伦人抓走。当巴比伦人撤走之后，他来到圣殿的**废墟中**【**专家解疑**：城市、村庄遭受破坏或灾害后变成的荒凉地方。】，想找到金"约柜"，把它偷出耶路撒冷藏起来。耶利来在被夷为平地的圣殿废墟里看见了著名的"亚伯拉罕巨石"。据说金"约柜"当初就放在这块巨石之上，但是金"约柜"早已无影无踪了。那么稀世珍宝金"约柜"究竟藏在哪里？二十世纪初，一些学者认为，金"约柜"和"所罗门珍宝"可能就藏在"亚伯拉罕巨石"底下的暗洞里。

"亚伯拉罕巨石"是一块长 17.7 米，宽 13.5 米的花岗岩石。它高出地面大约 1.2 米，由大理石圆柱支撑着。这块"亚伯拉罕巨石"也是伊斯兰教的圣物。

相传，伊斯兰教的创始人穆罕默德，由天使陪同乘大马从麦加到耶路撒冷后，就是脚踏这块巨石升天去听真主的启示的。据说这块巨石上，至今还留着穆罕默德升天时的脚印。所以，"亚伯拉罕巨石"被穆斯林视为"圣石"。"圣石"下面的岩堂高达 30 米。而且，岩堂里确实有洞穴，完全可以把金"约柜"和"所罗门珍宝"隐藏起来。

曾经有几个英国冒险家在获悉了学者们的看法后，试图寻找金"约柜"和"所罗门珍宝"。这几个英国人买通了岩堂的守夜人，在夜里潜进岩堂进行挖掘。每到天亮，他们便把洞口伪装上。就这样，他们一连干了好几个夜晚，但最后还是被发现了，几个英国冒险家一溜烟地逃得无影无踪。【名师点拨：金"约柜"和"所罗门珍宝"吸引着众多的人前来冒险，他们试图通过自己的行为来解开这个困扰人们上千年的谜题，但是都无功而返。】

后来又有人说，金"约柜"和"所罗门珍宝"实际上是藏在"约亚暗道"里。"约亚暗道"相传是大卫王在攻打耶路撒冷时，偶然发现的一条可以从城外通到城里的神秘通道。据说这条暗道后来又和所罗门圣殿连在一起。早在"巴比伦之囚"以前，犹太人就已经把金"约柜"和"所罗门珍宝"藏到暗道里去了。

1867 年，有一个叫沃林的英国军官，在耶路撒冷近郊参观时，在一座清真寺的遗址中，偶然发现了一个有石梯的洞。**他顺着石梯一直往下走，一直走到洞的深处。后来，他发现头顶上的岩石中还有一个圆洞。【名师点拨**：通常情况下，这种圆洞的存在都有着非凡的意义，这样曲折的道路究竟意味着什么呢？接着往下阅读，你或许会找到答案。】他攀着一条绳子爬进了圆洞后，又发现了一条暗道。他顺着暗道又来到另一个黑漆漆的狭窄山洞。最后，他好不容易顺着山洞走到了外边。出来一看，大吃一惊，原来，他发现自己已经站在耶路撒冷城里了。

学者们测定，这条秘密的地下通道建于公元前 2000 年左右，并**推测**【**专家解疑**：根据已经知道的事情来想象不知道的事情。】它就是"约亚暗道"。

在 20 世纪 30 年代，又有两名美国人来到暗道寻找过金"约柜"和"所罗门珍宝"。他们在"约亚暗道"里一处土质不同的地方，发现了一条秘密地道。地道里有被沙土掩埋着的阶梯。两人想用随身带着的锹把沙土挖开，但是，阶梯上的流沙却越挖越多，连地道口也几乎被堵住了，他们慌忙逃出地道。第二天，他们下来后发现，地道的入口又被流沙盖上了。

还有人传说【**专家解疑**：①辗转述说。②群众口头上流传的关于某人某事的叙述或某种说法。】，金"约柜"早已不在耶路撒冷，它被收藏在埃塞俄比亚古都阿克苏玛的一座古寺里。据说，所罗门的一个儿子从耶路撒冷偷出了真的金"约柜"，又把一个假的金"约柜"留在了耶路撒冷。

直到今天，金"约柜"和"所罗门珍宝"仍然是一个谜。

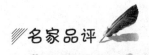

名家品评

　　耶路撒冷坐落在地中海东岸的巴勒斯坦中部，最早叫"耶布斯"，是世界上唯一被犹太教徒、伊斯兰教徒和基督教徒共同尊奉为"圣地"的城市。在这座城市当中，金"约柜"和"所罗门珍宝"一直是一个吸引人但又无法解开的谜，有许许多多的人为了解开这个谜而不断探索，但都是无功而返。

阅读思考

1.金"约柜"的传说是什么？

2."所罗门珍宝"是什么呢？

3.举例说明人们为了找到金"约柜"和"所罗门珍宝"都做过哪些事情？

伯里克利与雅典

人们往往会将伯里克利的名字与雅典城联系到一起，因为只有这样才能反映出雅典的繁荣与强盛，那个时候的雅典被称为"黄金时代"，又被称为是"伯里克利时代"。那么，伯里克利是怎样创建这个属于自己的繁荣盛世的呢？耐心往下读，你将会找到满意的答案。

提起希腊的强盛与繁荣，人们往往会想到雅典城和伯里克利的名字，因为最能代表与反映这种强盛与繁荣的，是伯里克利统治时期的雅典，因此希腊的"黄金时代"又被称作"伯里克利时代"。

伯里克利（约公元前495—前429年），是希腊著名的民主派政治家，出身贵族，是奴隶主阶级中一个较有见识和才干的人。公元前444年以后历任首席将军，成为雅典的实际统治者，希腊历史上流传着许多关于他的美谈。【名师点拨：伯里克利拥有卓越的见识和才干，当他统治国家时，通过他的不断努力，终于使自己的国家繁荣富强，同时他自己也名垂千古。】

据说，为了广泛接近民众，伯里克利经常到大庭广众之中和普通百姓交谈，听取他们的意见。遇到反对他的人当面辱骂他，他也从不动怒，更不随意抓人。一天晚上，在他步行回家的路上，一个贵族跟在身后辱骂他："你这个疯子！真无耻！你身为贵族，却忘掉了自己的朋友，竟然去结交那些下贱的百姓！"这个人就这样一路尖声叫骂着，尾随他到了家门口。看到天已经黑了，伯里克利让仆人打起火把，把骂他的人送回家去。

在奴隶社会的统治者、当权者中，能这样对待持反对意见的人的，恐怕算得上是**凤毛麟角**【专家解疑：比喻稀少而可贵的人或事物。】了。雅典公民对他的民主作风交口称赞，并给予他极大的支持。有一个大贵族名叫西门，专门和伯里克利作对。凡是伯里克利主张的，他都反对；凡是伯里克利反对的，他都支持。雅典公民便通过投票把他放逐到国外去了。另一个大贵族福克奇利斯也和伯里克利唱对台戏，反对伯里克利建设雅典城的计划，最后，他也被雅典公民赶下了台。

伯里克利另一个突出的特点是对自己要求严格，执政廉洁，他掌权十几年都没参加过别人举行的宴会。他接受的唯一一次邀请是参加侄子的婚礼，但还未开宴他就离开了。老百姓形象地说，伯里克利在雅典只熟悉一条路，那就是通向能和普通公民接触的广场和500人会议的路。

在雅典，军人、法官、议员和其他政府工作人员起初都是没有薪金的，当兵的要自己掏钱买武器和马匹。这样一来，这些职务就都被有钱人把持了。【名师点拨：那时候的社会中还有很多不合理的现象亟待改善，士兵要保家卫国还要自己购买武器和马匹，这严重影响着国家的发

🔍 好词好句

廉洁

* 伯里克利另一个突出的特点是对自己要求严格，执政廉洁，他掌权十几年都没参加过别人举行的宴会。

展。】伯

里克利执

政后规定：军

人和一切公职人员都由国家支付薪金。这样，一般公民也能当
军人、法官、议员了。这样一来，公民的民主权利扩大了。伯里克利
还给穷人发"看戏津贴"，使他们也有文化娱乐的机会。

　　伯里克利当权时还做了一件意义非同寻常的大事。这对日后雅典
以至整个希腊的文化艺术、旅游及商业产生了重大影响。这件大事是：
重建公元前480年被波斯军队放火烧毁了的雅典城。在他的主持下，
一批出色的雕塑家、建筑师、工艺家云集雅典，把这座古城装饰得十
分雄伟、壮丽。不久，许多闻名于世的建筑陆续屹立于雅典城。可容
纳14000名观众的露天剧场，经常上演一些著名剧作家的悲剧和喜剧，
其中不少剧作对欧洲的戏剧产生了很大影响；专门用于诗歌演唱和比
赛的音乐堂，经过精心设计，具有良好的音响效果。位于雅典中心的
卫城是最出色的建筑群，它建在150米高的陡峭【专家解疑：（山势
等）坡度很大，直上直下。】的山巅之上，全部用大理石修建而成，城

中有雅典最著名的帕提农神殿和智慧女神雅典娜的铜像。

雅典娜神像是著名的雕刻家、擅长雕刻神像的菲狄亚斯的杰作。像高 12 米，形象优美威严。雅典娜身穿黄金战袍，头戴黄金头盔，胸前的护身甲上嵌着女妖美杜莎的头像，左手持长矛，右手托着胜利女神尼姬的小雕像，身边放着一个有一条巨蛇盘在上边的圆形女神盾。神像的脸、臂、脚都是用象牙雕成的。菲狄亚斯还雕刻了被称为世界古代奇观之一的奥林匹亚的宙斯神像。公元 5 世纪宙斯神像在东罗马的首都君士坦丁堡烧毁。雅典娜神像则在公元 146 年被罗马帝国的皇帝安敦尼·庇乌挪走了，至今下落不明。

雅典城的重建吸引了众多的能工巧匠，他们从各地云集雅典。他们都想在雅典一显身手，以求得到丰厚的酬劳。虽然他们得不到雅典的公民权，但却过上了比较安定舒适的日子。【名师点拨：众多的能工巧匠因为雅典城的重建而到来，他们为了得到丰厚的报酬而贡献出自己的本领，最终过上了自己想要的生活。】

对于希腊的强盛与繁荣，伯里克利功不可没，但他晚年却屡经坎坷、挫折，接连遭受严重的打击。由于他人的诽谤，他因"莫须有"的罪名被撤职。复职当大将军后，他的两个儿子先后死于鼠疫，不久，他也难逃厄运，死于这种可怕的疾病。临死前，他的遗言是："我对雅典是问心无愧的。"确实，伯里克利的英名将和希腊"黄金时代"的美名永存后世。

伯里克利死后不到 20 年，强盛的雅典就败在希腊另一强大城邦斯巴达的武力之下了。

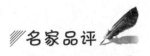

名家品评

　　希腊的"黄金时代"离不开伯里克利，是伯里克利不断改善社会上的陋习，也是他重建了曾经是一片废墟的雅典城，他对雅典文化和经济的发展贡献颇多。因为伯里克利，希腊才拥有了被称为"伯里克利时代"的"黄金时代"。

阅读思考 ···

1.为了广泛接近民众，伯里克利是怎样做的？

2.伯里克利当权时做的一件意义重大的事情是什么？

3.伯里克利晚年都遭遇了哪些不幸？

斯巴达

在古希腊最强大的的城邦中，斯巴达也是一个十分强盛的国家，它仅次于雅典。斯巴达人在征服拉哥尼亚的过程中，将原来的居民变成了奴隶，使这些奴隶过着半饥半饱、牛马不如的生活。他们崇尚武力，轻视文化教育，那么他们又是怎样教育自己的后代的呢？接着读下去，谜底将会揭开。

　　古代希腊最强大的城邦中，雅典第一，斯巴达第二。斯巴达位于希腊半岛南部的拉哥尼亚平原。拉哥尼亚三面环山，中间有一块小平原。"斯巴达"原来的意思就是"可以耕种的平原"。约在公元前 11 世纪，一批叫作多利亚人的希腊部落，南下侵入拉哥尼亚，他们毁掉原有的城邦，在这里居住下来，这就是多利亚人的斯巴达城——不过它既没有城墙，也没有像样的街道。斯巴达人就是指来到这里的多利亚人。

　　斯巴达人在征服【专家解疑：①用武力使（别的国家、民族）屈服。②（意志、感染力等）使人信服或折服。】拉哥尼亚的过程中，把原有的居民变成奴隶，称作希洛人。公元前 8 世纪，斯巴达人又向邻邦美塞尼亚发动长达 10 年的战争，最后征服了美塞尼亚，将多数美塞尼亚人变成奴隶，并沦为希洛人。希洛人被固定在土地上，从事艰苦的农业劳动，每年将一半以上的收获缴给奴隶主，而自己过着半饥半饱、牛马不如的生活。有一首诗中写道：

像驴子似的背着无可忍受的负担，

他们受着暴力的压迫；

从勤苦耕作中得来的果实，

一半要送进主人的仓屋。

斯巴达人经常对外发动战争，因此希洛人的军役负担十分沉重。

【**名师点拨**：由于斯巴达人喜欢发动战争，因此希洛人背上了沉重的军役负担。那么，希洛人会甘心被奴役吗？接着往下阅读，答案就在其中。】希波战争期间，斯巴达人一次就征发了 35 万希洛人随军出征。他们被迫去打头阵，用自己的生命去探明敌方的虚实，消耗敌方的兵力。

哪里有压迫，哪里就有反抗。希洛人忍受不了斯巴达人的残酷剥削和野蛮暴行，经常举行武装起义。再加上希洛人在数量上比斯巴达人多得多，斯巴达人就用一种叫"克里普提"的方法来迫害和消灭希洛人。克里普提是秘密行动的意思，史诗中记载："长官们时常派遣大批最谨慎的青年战士下乡，他们只带着短剑和一些必需的给养品。在白天，他们分散隐蔽在偏僻的地方，杀死他们所能捉到的每一个希洛人。有时，他们也来到希洛人正在劳动的田地里，杀死其中最强壮、最优秀者。"在斯巴达和雅典的一次战争中，2000 名希洛人立下战功，斯巴达人答应给他们自由，把他们带到大庙中给神谢恩。但他们被埋伏在大庙中的奴隶主屠杀了。希洛人作为所有斯巴达人的公共财产，个别斯巴达人无权买卖希洛人，但可以任意伤害希洛人。在节

🔍 哲理名言

哪里有压迫，哪里就有反抗。

日里，斯巴达人常用劣质酒灌醉希洛人，把他们拖到公共场所肆意**侮辱**【**专家解疑**：使对方人格或名誉受到损害，蒙受耻辱。】。希洛人即使没有过错，每年也要被鞭笞一次，目的是要希洛人记住自己的奴隶身份。为了维持对希洛人的压迫与剥削，镇压希洛人的反抗，斯巴达人需要一支强大的军队。斯巴达人形成了一种独特的政治制度，整个社会过着军事化的生活，孩子们从小受到的教育就是军事训练。为了防止斯巴达人内部贫富分化，统治者规定，斯巴达人不许从事工商业，不用金银做货币，而用价值低廉的铁币。斯巴达人除了军事外，不得从事其他生计。斯巴达人**崇尚**【**专家解疑**：尊重；推崇。】武力精神，整个斯巴达社会相当于一个管理严格的大军营。斯巴达的婴儿呱呱落地时，就会被抱到长老那里接受检查，如果长老认为他不健康，他就被抛到荒山野外的弃婴场去；母亲用烈酒给婴儿洗澡，如果他抽风或失去知觉，这就证明他体质不坚强，任他死去，因为他不可能成长为良好的战士。男孩子 7 岁前，由双亲抚养。父母从小就注意培养他们不爱哭、不挑食、不吵闹、不怕黑暗、不怕孤独的习惯。7 岁后的男孩，被编入团队过集体的军事生活。他们要求对首领绝对服从，要求增强勇气、体力和残忍性，他们练习跑步、掷铁饼、拳击、击剑和殴斗等。为了训练孩子的服从性和忍耐性，他们每年在节日敬神时都要被皮鞭鞭打一次。**他们跪在神殿前，火辣辣的皮鞭如雨点般落下，但不许求饶，不许喊叫。**【**名师点拨**：这是一个比喻句，将皮鞭落下比喻成雨点，表现出当时社会对孩子教育的严格。】

在军事训练的同时，斯巴达人还向儿童灌输斯巴达人高贵、希洛人低贱的观点。教官常在儿童面前任意侮辱和鞭打希洛人，甚至带他们参加"克里普提"活动，直接屠杀希洛人。男孩到 12 岁，编入少

年队。他们的
生活更严酷了，
光头赤脚，无论
冬夏只穿一件外衣，
平时食物很少，但鼓励
他们到外面偷食物吃。如果被人发
现，回来要挨重打，因为他偷窃的本领不高明。传说有一
个少年，偷了一只狐狸藏在胸前，狐狸在衣服内咬他，为了不被人发现，
他不动声色，直至被狐狸咬死。

满20岁后，斯巴达男青年正式成为军人。30岁成亲，但每天还要参加军事训练。60岁时退伍，但仍是预备军人。斯巴达女孩7岁后仍留在家里，但她们不是整天织布做家务，而是从事体育锻炼，学习跑步、竞走、掷铁饼、搏斗等。斯巴达人认为只有身体强健的母亲，才能生下刚强的战士。斯巴达妇女很**勇敢**【专家解疑：不怕危险和困难；有胆量。】也很坚强，她们不怕看到儿子在战场上负伤或死亡。一个斯巴达母亲送儿子上战场时，不是祝他平安归来，而是给他一个盾牌，说："要么拿着，要么躺在上面。"意思是说，要么拿着盾牌光荣胜利归来，要么光荣战死被别人用盾牌抬回来。

斯巴达人轻视文化教育。青少年只要求会写命令和便条就可以了。**斯巴达人要求他们的子弟语言简明，直截了当，从小养成沉默寡言的习惯。**【名师点拨：因为崇尚武力，因为需要常年征战，所以要求国人要具有这些基本的条件，也正是这样的社会背景，推动了故事的发展。】他们的说话就像军事口令一样。有一次，一个国王威胁斯巴达国王，要斯巴达听从他的命令，否则就把斯巴达夷为平地，斯巴达国王的回答是："请！"这种简洁的回答后来被称作斯巴达式的回答。同样，斯巴达人轻视文学艺术、自然科学。斯巴达城里，几乎看不到一座宏伟的建筑物，斯巴达人也没有制作出一件精致的艺术品流传后世。**斯巴达人实行"二王制"。两个国王只有在打仗时才拥有无限的权力，一个国王充任统帅，另一个国王留守国内。**【名师点拨：打仗时，两个国王一个在外统兵打仗，一个管理国家事务，这样既保证了国家的安定，也防止了敌人乘虚而入，表现了斯巴达人的智慧。】平时，一切重大问题都由30个人组成的"长老会议"决定。有5个执政官协助国王处理政务。一切有关城邦的重大事务，均由长老会议做出决定。然而，名义上还要由公民大会通过，方可有效。

斯巴达在长期的对外战争中，不断加剧对希洛人的压迫和剥削。英勇的希洛人多次举行起义。约公元前640年，希洛人发动了长达十几年的武装起义。公元前464年，斯巴达境内的希洛人再次起义。他们英勇顽强，直逼斯巴达城下，坚持了长达10年的斗争。斯巴达人在**无可奈何**【专家解疑：没有办法；没有办法可想。】的情况下，给了起义军自由。斯巴达的统治也因此受到沉重的打击。公元前4世纪中叶以后，斯巴达一天天走向衰亡。

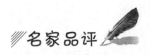名家品评

　　斯巴达人征服了拉哥尼亚，将原来的居民变成了奴隶，使他们过着半饥半饱、牛马不如的生活。但是长期的压迫也导致了不断的反抗，然而斯巴达人崇尚武力，几乎全民皆兵。但是，英勇的奴隶们在经过十几年的奋斗之后，终于打败了斯巴达人，并使其逐渐走向衰亡。

阅读思考 ···

　　1. 斯巴达人是怎样对待奴隶的？

　　2. 斯巴达儿童是怎样成长起来的？

　　3. 斯巴达是怎样走向衰亡的？

古城庞贝

距今大约 423 年前，一群意大利农民在维苏威火山下挖掘水渠的时候，无意中发现了存在于地下的金币，从此揭开了庞贝城的神秘面纱，经过多年的挖掘之后，罗马古城——庞贝城终于呈现在人们的面前。那么庞贝城究竟是因为什么原因才长埋于地下的？仔细阅读文章，你将会找到想要的答案。

风景如画的意大利西南海岸，一座巍峨峻峭的高山，**俯瞰**【专家解疑：俯视。】着碧波荡漾的那不勒斯海湾，那就是著名的维苏威火山。距今大约 260 年前，一群意大利农民正在维苏威火山下挖掘水渠。突然，"当啷"一声，铁锹似乎碰到了什么金属物，在翻开的泥土中，露出了金光闪闪的东西。

"金币，是金币。"人们惊喜地叫起来。

很快，这个消息就传开来。有更多的人来到这里寻找金银财宝。人们不断挖出更多的东西，如陶器、经过雕琢的大理石碎块等。不久，有人挖出一块石头，上面刻着"庞贝"的字样。人们这才明白，这里便是被维苏威火山爆发后的岩浆掩埋了的罗马古城——庞贝城。

使庞贝城毁灭的那场灾难，发生在公元 79 年 8 月 24 日午后。生活在安定祥和中的庞贝居民没有料到，自古以来一直处于"休眠"状态的维苏威火山突然爆发了。【智慧引路：事情的发展总是出乎所有人的意料，因为没有人想过这座火山还会喷发，最终导致的结果就是全城覆灭，这不仅告诉人们要有未雨绸缪的危机意识，同时也要知道有些事情并不是一成不变的。】震耳的爆炸声，伴着火山口喷出的直冲云霄的滚滚浓烟和燃烧的岩浆，中间还挟着石块和灰尘。顷刻间，天昏地暗，地动山摇，那不勒斯海湾也激起汹涌的波涛，冲击着海岸。接着，又下起倾盆大雨，山洪挟带着石块、泥沙和火山灰，形成一股巨大的泥石流，向着山下的庞贝城冲去，慢慢地整座庞贝城被吞没了。城中两万多居民大部分逃到了别处，但仍有两千多人遇难。

时间过去了千百年，人们从古籍史册和民间传说中知道有这么一座庞贝古城存在，可它是什么样子，遗址在哪里，却始终是个谜。现在庞贝古城的遗址重新被发现，立刻引起整个国家的关注。不久，意大利政府开始对古城遗址进行发掘。经过 200 多年断断续续的挖掘，这座在地下沉睡了 1900 年的古城初步恢复了原貌，漫步在宽敞平坦的大街上，人们可以领略古城的风光。

庞贝城面积大约 18 平方公里，四周环绕着 4800 多米长的石砌城墙。由南到北，由东到西各有两条笔直平坦的大街，把全城分成 9 个城区，每个城区又有许多大街小巷纵横【专家解疑：①竖和横；横一条竖一条的。②奔放自如。③奔驰无阻。】相连，路面都用碎石铺成。

🔍 **好词好句**

天昏地暗
地动山摇
* 经过 200 多年断断续续的挖掘，这座在地下沉睡了 1900 年的古城初步恢复了原貌，漫步在宽敞平坦的大街上，人们可以领略古城的风光。

大街两旁有人行道，街面宽达 10 米，铺着整块的大石板。街道的十字路口，有雕花石块砌成的水池，里面盛着清凉的泉水。泉水从城外山上通过高架渡槽引入城内水塔，分别流向各公用水池和富豪庭院的喷泉池。大街的两边是商店、酒馆、水果铺和杂货摊。一家商店墙上写着出售卫生用具和好酒的广告；另一家商店墙上写着横幅标语"水果商贩支持普里斯库担任高级行政官"。城内最宏伟的建筑物集中在城西南的一个长方形广场四周，这里是庞贝政治、经济和宗教中心。残存的精致的雕花大理石门框、祭坛和高出地面三四尺的青石地基，让人可以想象出这座庙宇当年的**雄伟【专家解疑**：①雄壮而伟大。②魁梧；魁伟。】壮丽。政府大厦的议会厅、办公室十分宽敞明亮。法院是一座长方形的两层建筑物，设有法庭和牢房。**它的另一半楼房分给了商人，作为进行交易和订立贸易协议的场所，东方的香料、宝石、中国的丝绸、非洲的象牙都在这里议价成交。**

【名师点拨："交易和订立贸易协议场所"不仅说明当时庞贝古城的繁华，同时也说明它所处的地理位置之重要。】

广场东北角是一个商品集散地，当时这里的店铺**鳞次栉比**
【专家解疑：像鱼鳞和梳子的齿一样，一个挨着一个地排列着，多形容房屋等密集。】，商品琳琅满目，生意非常兴隆。一个水果铺的货架上，摆满了杏仁、栗子、无花果、胡桃、葡萄等果品，不过，它们早已干枯变质了。在一家药店的柜台上，还发现了一盒药丸，已经碾成了细末，旁边有一根细小的圆药条。显然是当药剂工正搓药丸时，灾难突然降临，他便弃之不顾，逃命去了。当时的店铺往往也是作坊，在一家面包店的烘炉里，还留下一块烤熟的面包，不仅保持着原来的形状，而且上面印着的面包商的名字还清晰可见。

庞贝城中有很多富豪的住宅。这些建筑的大门往往有粗大的大理石圆柱和雕花门楼。走廊和庭院到处摆着天神和野兽的塑像。**正厅、餐厅和卧室宽敞明亮、富丽堂皇，四周陈设着精美的白银镶青铜制品。**【**名师点拨**：通过作者简单的陈述，一幅高度文明的社会画面出现在我们的眼前，更加显露了当时社会的繁华。】墙上绘有壁画，地板上饰有镶嵌画。在一家富户的客厅发现了一幅镶嵌画：《马其顿王亚历山大与波斯大流士三世作战图》，画宽 6.5 米，高 3.83 米，由 150 万块彩色玻璃大理石片镶嵌而成，生动地描绘了公元前 333 年希波战争的一个场景。

城的东南角是一座圆形的露天大角斗场，可容纳两万观众，也就是将近全城的居民人数。墙上还留着这样的字迹："塞那杜斯是英雄和索命者""费利克斯将斗熊"。附近还有座体育场，是供人们竞技和习武的地方。

古城里最吸引人的，是那些受难者的石膏像。原来，在火山爆发的一刹那间，许多没有逃出的人都藏在了比较空旷的庭院里，虽然没有被倒塌的建筑物压死，但是却被喷出的火山灰包封起来，窒息而死。由于时间过去很久了，人体在里面枯干了，消失了，只剩下一些空壳。考古学家就利用这些空壳做模子，把石膏浆灌进去，

🔍 **好词好句**

空旷
窒息

*原来，在火山爆发的一刹那间，许多没有逃出的人都藏在了比较空旷的庭院里，虽然没有被倒塌的建筑物压死，但是却被喷出的火山灰包封起来，窒息而死。

制成许多和真人一样形状的石膏像，再现了受难者当时那种**绝望**【专家解疑：希望断绝；毫无希望。】和痛苦的表情：一个小女孩紧紧抱住母亲的膝盖，掩面大哭；一个拿着一袋硬币的乞丐茫然站在街口；有些人正在墙脚挖洞，寻找逃生之路；有一群被铁链锁住的角斗士痛苦地挣扎着，想要摆脱铁链；很多人双手掩面或屈着双臂抱着脑袋；也有的人手里还拿着一袋袋金币、银币和贵重首饰。但是，在灾难面前，财宝并没有给他们带来好运，这些有钱人也同奴隶同归于尽【专家解疑：一同死亡或毁灭。】了……庞贝古城逐渐掀开了它神秘的面纱，向人们完整地展现出公元1世纪罗马帝国城市的真实面貌。

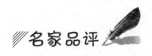

名家品评

> 古籍史册和民间传说中的罗马古城——庞贝城因为一场火山喷发而埋于地下。经过多年的挖掘之后，终于重见天日，通过观察之后我们可以知道那时候庞贝城的辉煌与繁荣，还可以知道在灾难来临的时候，这座城市中人们的反应。同时也让我们了解到了当时人们的生活水平。

阅读思考 ···

1. 庞贝城是谁发现的？地点是在哪里？

2. 举例说明庞贝城的繁荣与辉煌。

3. 当灾难来临的时候，人们的反应是怎样的？请举例说明。

罗马帝国的灭亡

罗马帝国的强盛时期主要是在公元1至2世纪，那时候它雄踞于地中海一带，不可一世。那里的国王和奴隶主过着穷奢极欲的生活。但是到了公元3世纪，罗马帝国出现了重大危机，时局动荡，生产也逐渐衰退，罗马帝国逐渐走向衰亡。那么，强盛时期的罗马帝国是怎样的？奴隶主又过着怎样的生活呢？让我们在下文中寻找答案。

　　公元1至2世纪，是罗马帝国的强盛时期，它雄踞于地中海一带，俨然是一个不可一世的大帝国。然而，到公元3世纪，罗马的奴隶制便出现了严重的危机，农业衰落，政局动荡，帝国的没落已成无可挽回之势。

　　奴隶主穷奢极欲，过着荒淫无度的生活。他们的住所往往是一座华丽的建筑。其中，有供洗澡前进行运动的回廊，有温度不一、相互连接的暖气房。每进一个暖气房，温度就加高一次。洗澡的人在暖气房里，等全身汗出透了才用温水冲洗，再洗凉水，最后，还要遍身涂搽软膏，以防受寒。皇帝为了炫耀帝国的奢华，经常假借各种节日和纪念日举行盛大的活动。【名师点拨】：奴隶主过着穷奢极欲的生活，他们拥有常人难以想象的生活，就连皇帝也为了炫耀而不断举行盛大的活动。

这一切为罗马帝国的灭亡埋下了导火索。】公元 106 年，图拉莫皇帝为纪念他在达西亚的胜利，连续举行 123 天的节日娱乐。公元 4 世纪，一个大官僚为儿子举行游艺庆典，7 天就花了 2000 磅金子。宫廷内的奢侈腐化更是有恃无恐，仅御用美容师就多达数百人。

与此同时，统治者争权夺利的斗争也越来越厉害。今天立一个皇帝，明天又杀掉，成了**家常便饭**【**专家解疑**：①家庭日常的饭食。②比喻经常发生、习以为常的事情。】。在公元 235 年以后的 50 年中，竟换了 10 个皇帝。

公元 284 年深秋一个阳光灿烂的午后，一支庞大的罗马军队正匆匆行进，他们从波斯人那里掠夺了众多的财宝。不幸的是，皇帝在回意大利的返程中突然死去。他年轻的儿子继位不到一个月，也得了重病，不得不躺在担架上返国。

"快走！快走！"近卫军长官阿培尔在担架旁来回奔走，时而轻轻揭开担架上的被子看看。阿培尔揭被的时候，抬担架的士兵闻

到一种腐臭味，他们对此产生了怀疑，直到傍晚时分，队伍来到尼科美地区，士兵们这才得以弄清臭味的来源。原来，他们年轻的皇帝早已被人害死了，担架上抬的其实是皇上的尸体。【名师点拨：刺鼻的腐臭味，使所有的人都产生了一种怀疑心理，两位皇帝接连遇害，将罗马帝国的不安定直接展示出来了，揭开了罗马帝国灭亡的序幕。】

"是谁杀死了皇帝？把凶手找出来！"激愤的士兵们纷纷要求严惩凶手。

阿培尔向士兵申斥道："你们想造反吗？皇帝死了再选一个就是了，谁要聚众闹事，就地处决！"

这时，一个高亢的声音响起："你说得倒轻巧！我看，该处决的不是别人，而是你自己！你这个人面兽心的东西，一个月就谋害了两位皇帝！"说话的不是别人，正是戴克里先。两人拔剑厮杀，阿培尔当场毙命，戴克里先被拥立为罗马帝国的皇帝。

随后，他大兴土木，建造起奢华的皇宫。在人们觐见他或是举行宫廷典礼的时候，戴克里先身穿织金的丝质衣服，戴着缀满珍珠的头巾，穿着镶宝石的鞋子。任何被准许谒见【专家解疑：进见（地位或辈分高的人）。】他的人，都必须对他行跪拜礼。戴克里先被奉为神明，皇权大大加强，称号也正式改为：君主。这种君主制成了后期罗马帝国相袭的一种统治形式。

🔎 好词好句

奢华

觐见

* 在人们觐见他或是举行宫廷典礼的时候，戴克里先身穿织金的丝质衣服，戴着缀满珍珠的头巾，穿着镶宝石的鞋子。

戴克里先执政后意识到，他一个人不可能对付奴隶起义及外族入侵，因此委托好友马克西米治理帝国的西部。于是，罗马帝国有了两个最高统治者，一切命令都以两人的名义发出。后来，他们又各自为自己设置了副职。从此，这四个人分别治理帝国的一部分，历史上称为"四帝共治制"。戴克里先退位后，继承帝位的是君士坦丁。公元330年，君士坦丁把首都迁到拜占庭，定名君士坦丁堡，号称"新罗马"，为东、西分治创造了条件。

公元395年，罗马帝国终于分裂为东、西两部，即以君士坦丁堡为首都的东罗马帝国和以罗马城为首都的西罗马帝国。千疮百孔的罗马帝国民怨沸腾，奴隶起义风起云涌，最著名的是高卢人掀起的"巴高达"（意为战士）运动，起义者以农民当步兵，牧人当骑兵，转战各地，使统治者胆战心惊。【智慧引路：经过一段时间的统治之后。罗马帝国分裂成了两个国家。这时候的罗马帝国已经是千疮百孔，到处都是起义的人。由此可见，人民的力量是无穷的，所以一定要善待他人。】公元408年，罗马统帅撒拉率领一支队伍自高卢回意大利，路经阿尔卑斯山隘，突然被巴高达战士截击，全部战利品均落入巴高达战士手中。巴高达实行"把奴隶主变成奴隶"的政策，不断向罗马官吏发动进攻，受到奴隶们的热烈拥护。5世纪初，一位戏剧大师编了一个喜剧，在许多地区演出，就形象地反映了当时巴高达运动的深得民心。剧情是这样的：主人公家境贫寒，窘于生计。他祈求家中的守护神给他找个安居乐业的场所，神对他说："你最好是到罗亚尔河一带当'强盗'。那里的人公正无私，你投奔那里，就可称心如意了。"罗亚尔河一带正是巴高达活动的势力范围，所谓"当强盗"就是劝人们去当一名巴高达战士。

【智慧引路：君主的暴政已经引起了众人的武力反抗，甚至连神也鼓励众

人反抗，可见当时社会的黑暗程度。】

　　罗马帝国陷入一片混乱之时，又遭到了新的危机：东方日耳曼人中的哥特人挺进了意大利。**统率**【**专家解疑**：统辖率领。】这支大军的是哥特人中最有名的勇士阿拉里克。他出征前对妻子许愿说：我要打进罗马，把城里的贵妇给你做奴婢，把他们的财宝给你做礼物。

　　可是，罗马的司令官斯底里哥把阿拉里克打败了。恢复了生气的罗马城举行了成套的庆典，这是罗马历史上最后一次庆祝胜利，也是角斗士最后一次进行竞技。

　　聪明而有军事才能的斯底里哥决定和阿拉里克结成联盟，以阻挡来自伏尔加河的匈奴人的入侵。这一策略受到了罗马贵族的攻击，他们制造**谣言**【**专家解疑**：没有事实根据的消息。】，说斯底里哥想利用哥特人来推翻皇帝霍诺留的统治。无能而又无知的霍诺留竟听信谣言，下令处死了斯底里哥。

　　公元 408 年，阿拉里克的大军又一次向罗马挺进。他们占领了罗马的港口，断绝了罗马的粮食来源。罗马城外"嘚嘚嘚"的马蹄声令统治者惊恐万状。

　　元老院决定派军使到阿拉里克那里求和。

　　"求和吗？可以，条件是交出城内全部金银财宝。"

　　"那么，您打算把什么留给罗马的市民？"

　　"生命！"

　　"不过，城里还有很多人，士兵们每天都在操练，他们将进行殊死的抵抗。"

　　阿拉里克哈哈大笑："那很好，草长得越密，割起来就越省力！"

　　最后双方终于达成了协议：罗马人出黄金 5000 磅，白银 3000 磅，绸料 4000 块，皮革 3000 张，胡椒 3000 磅。罗马人为了凑足 5000 磅的黄金，甚至将金质的神像都熔化了。哥特人收到这些贡品后，这才允许罗马人出城买粮食。

公元 410 年，阿拉里克决定打进罗马城，他向士兵们宣布：攻进罗马，可以任意抢劫 3 天。【名师点拨：罗马城因为自己君主的管理不力，最终遭到了阿拉里克的攻陷，这同时也意味着罗马帝国的灭亡。】

一个雷电交加的夏夜，穿着兽皮的哥特人吹着牛角号，冲进了罗马城，3 天 3 夜的洗劫，四面八方的大火使**巍峨【专家解疑**：形容山或建筑物高大雄伟。】的殿宇、壮丽的宫殿化为一片焦土。金质神像和黄金器皿装满一车又一车，都被拉走了。

抢光、烧光之后，哥特人在入城的第六天放弃了罗马，向意大利南部推进。不久，阿拉里克突然死去，据说哥特人强迫罗马俘虏排干了一条河，把阿拉里克的遗体和无数宝物一起埋在河底，然后再把水放进河里。工程完成后，全部俘虏都被杀死。所以他的葬地及殉葬品始终未被发现。

公元 476 年，西罗马只有 6 岁的末代皇帝被**废黜【专家解疑**：①罢免；革除（官职）。②取消王位或废除特权地位。】。就这样，这个曾称霸地中海，历时几个世纪的奴隶制大帝国，终于在奴隶起义和外族入侵下覆没了，西欧历史从此揭开了新的一页。

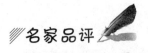
名家品评

　　雄踞地中海一带的罗马帝国由最初的强盛逐渐走向分裂，并最终走向灭亡。这并不是偶然事件，任何一个国家，当其不注重民众的利益，只是纵情于享乐的时候，就意味着它将要走向灭亡。终于，曾经不可一世的罗马帝国在奴隶起义和外族的入侵下覆灭了。

阅读思考

1.强盛时期的罗马帝国中奴隶主的生活是什么样的？

2.戴克里先当上罗马帝国的皇帝之后，做了哪些事情？

3.罗马帝国是怎样覆灭的？

君士坦丁堡的陷落

雄踞于博斯普鲁斯海峡南口的东罗马帝国的首都君士坦丁堡，三面环水，背靠大陆，不仅拥有险要的地势，同时还有十分坚固的城防工事，这样固若金汤的城市居然在15世纪的一次战斗中被奥斯曼土耳其人攻破了。这实在是让人难以置信，他们为什么要攻陷君士坦丁堡？又是怎样攻陷的呢？以下你将会找到满意的答案。

东罗马帝国的首都君士坦丁堡，雄踞在欧亚两洲交界的博斯普鲁斯海峡的南口，三面环水，背靠大陆，地势十分险要；加上东罗马帝国多年来的构筑经营，城防工事十分坚固，真可以说是铜墙铁壁，固若金汤。要想攻破它，确实是有点儿异想天开。【智慧引路：君士坦丁堡不但拥有独特的地理条件，而且拥有坚固的城防工事，外人很难将其攻陷，但最终它还是被攻陷了。所以在生活当中，要不畏艰难，只要坚持就一定能成功。】

然而，就在15世纪的一次战争中，它竟出乎意料地被奥斯曼土耳其人攻破了。说起这次战争，那可是中世纪战争中最激烈、最悲壮的一次。

交战之前，双方都投入了大量的人力、物力，做了充分的准备。土耳其国王穆罕默德二世亲率20万大军和300艘战舰，将君士坦丁堡围得水泄不通，决心拿下这座历史名城，作为伊斯兰教的中心。君士坦丁堡的军民也孤注一掷，誓与古城共存亡。他们尽一切可能加固工事，除了在西面筑了两道坚不可摧的城墙之外，还在城墙上每隔百米筑一堡垒，墙外挖了很深的护城壕。在城北金角湾的入口处，他们用粗大的铁链横锁水面，使任何船只都无法驶入。在城东、城南面临海湾、敌人很难接近的地方，他们也筑起了坚固的城墙。

在**决一死战**【**专家解疑**:不怕牺牲，对敌人做你死我活的战斗。】的紧张气氛中，战争于 1453 年 4 月 6 日正式爆发了。

土耳其人首先从西面猛攻，他们用每发炮弹重达 500 公斤的大炮对城墙狂轰滥炸，然后便扛着粗大的树干，滚动巨大的木桶向护城壕冲去，企图把壕沟填平，但是却遭到了城中枪炮的严厉打击，纷纷败下阵来。

强攻不行，土耳其人便打算挖地道，穿过护城墙和城墙钻入城内。不料，地道还没挖完就被当地居民发现了，他们用炸药将地道炸毁了。土耳其人见此计不成，又决定采用攻城塔车，在车上筑起塔堡，外面包着三层厚厚的牛皮，车上藏有炮火和弓箭手，还有一架用滑轮升降的云梯。他们本以为这下一定可以出奇制胜了，可是当塔车靠近城墙时，守城的官兵就往塔车内猛投蘸满松脂的火把，将塔车烧着，并用大杆推倒云梯，致使土耳其人又遭惨败。

由于屡战屡败，伤亡惨重，穆罕默德二世不得不重新考察君士坦丁堡的城防虚实，制订新的进攻措施。后来，他发现城北的金角湾水面不宽，东罗马人主要依靠铁索横江来阻挡进攻，倘若能绕过铁索，从水路登陆，进行偷袭，定能在敌军毫无防备的情况下攻破城池。

【**智慧引路**】:虽然战争不断面临挫折，但是穆罕默德二世始终没有放弃，他总是寻找不同的方式进行尝试。这就告诉我们，生活中不要拘泥于固有的形式，要敢于尝试、勇于创新。】然而，如何使船只绕过铁索抵达城下，却是一件颇费脑筋的事。穆罕默德二世和部下苦思冥想了很久，终于想出了一个旷古未闻的妙计奇策。

他派人到热那亚商人据守的加拉太镇去，用优裕丰厚的报酬收买了那里的商人，使商人们允许他在加拉太镇北面铺设一条陆上船槽。船槽是用坚厚的木板铺成的，滑行面则由高往低，槽底又涂上很厚的一层牛羊油脂。靠着这条船槽，土耳其人经过一夜的努力终于奇迹般地将 80 艘战船拖运到了金角湾的侧面。在那里，他们架起了浮桥，筑起了炮台，向君士坦丁堡发动了新的攻势。

当炮声在北城墙外震响时，城中的官兵惊呆了，他们做梦也没料到金角湾这边会出现土耳其兵。于是，**手忙脚乱**【专家解疑：形容做事慌张而没有条理，也形容惊慌失措。】地从两线撤兵增援，而将西面的防守的任务交给了来援的热那亚士兵。这样一来，东罗马军的兵力便分散了，而担任西城墙防守任务的热那亚士兵又不熟谙地形、地势，致使防卫日趋危急。在土耳其军连续不断的炮轰下，西城墙终于被打开了一个缺口。

穆罕默德二世见胜利在望，抑制不住内心的狂喜，向手下的士兵们大喊道："勇敢的将士们，城墙已被打开了缺口，我将给你们一座

🔎 好词好句

苦思冥想
旷古未闻
＊穆罕默德二世和部下苦思冥想了很久，终于想出了一个旷古未闻的妙计奇策。

宏伟而富庶的名城，古罗马的首都，世界的中心，任你们抢劫，你们将成为腰缠万贯的大富翁，勇敢地冲进去吧！"

话音刚落，土耳其人便发疯般地向城里冲去，但是城里的军民仍然拼死抵抗，与土耳其人展开激烈的巷战。【智慧引路：虽然城墙已经被攻破，但是城中的人民并没有就此投降，仍然拼死奋斗。这就告诉我们，任何时候都不要小瞧人民的力量。】土耳其人连攻了两次都败下阵来，最后穆罕默德二世亲自上阵，全力以赴，才冲了进去。君士坦丁堡终于沦陷了。

昏庸无能的君士坦丁皇帝，见土耳其的旗帜在城堡上空飘扬，顿时丧失了作战的勇气，脱换衣服，惶惶如丧家之犬，夺路而逃。路上他遇到几个土耳其士兵在洗劫财物，就拔剑去刺，结果被土耳其士兵当场刺死。

土耳其士兵在城里连续三天三夜大肆烧杀抢掠，许多居民被掳为奴隶，壮丽豪华的王宫被付之一炬，许多珍贵文物被抢被烧，丧失殆尽，所有的基督教偶像都被从教堂搬出，换上了伊斯兰教的壁龛，全城最大的圣索菲亚教堂改建为清真寺。不久，奥斯曼土耳其帝国迁都君士坦丁堡，并将城名易为伊斯坦布尔（意即伊斯兰之城）。这个名称一直沿用至今。君士坦丁堡的陷落【专家解疑：①地面或其他物体的表面一部分向里凹进去。②陷入。③（领土）被敌人占领。】标志着延续千年之久的拜占庭（东罗马帝国）从此覆灭了。当然，它的陷落也向统治者们发出了警告：再坚固强大的城防工事都不足以维护其长治久安，如果不修内政、荒淫腐化的话，到最后还是一样会灭亡。

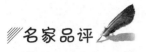

名家品评

　　君士坦丁堡拥有很好的地理优势以及固若金汤的防御工事，但是就是这样一个所有人都认为无法攻陷的城市，却在15世纪的一次战争中被奥斯曼土耳其人攻破了。起初他们的进攻都遭到了有效抵御，但是在他们的领袖穆罕默德二世的率领下，他们终于攻陷了这座城市，昏庸无能的皇帝也被当场杀死。这使所有的领导者学到了一个很重要的知识——保卫自己的国家，不仅要有坚固的城防，还要避免荒淫腐化，只有这样才能避免灭亡。

阅读思考 ··

1. 君士坦丁堡的地理位置是怎样的？

2. 穆罕默德和部下经过苦思冥想之后，想到了一个什么样的办法？

3. 拜占庭（东罗马帝国）的覆灭使后来人学到了一个什么样的道理？

横跨欧亚非的奥斯曼帝国

奥斯曼帝国将君士坦丁堡攻陷之后，又相继攻陷了贝尔格莱德、布达、维也纳，之后又将地中海的东岸和红海要道夺取过来。奥斯曼帝国已经成了一个庞大的帝国，以前的阿拉伯和拜占庭两个帝国的大部分地区都已经成了奥斯曼帝国的一部分。那么，奥斯曼帝国扩张的顺序是怎样的？又是什么使奥斯曼帝国开始走下坡路的？下文将会一一解答。

奥斯曼帝国攻陷君士坦丁堡，攻陷贝尔格莱德，攻陷布达，围攻维也纳，夺取了地中海的东岸和红海要道，最终奥斯曼帝国成为一个庞大的帝国，版图囊括以前的阿拉伯和拜占庭两个帝国的大部分地区，地跨欧、亚、非三大洲，称雄一时。**奥斯曼帝国在中古后期和近代的历史发展中曾起了重要的作用。这个国家是中古后期兴起的。它的建立者是游牧于里海东南部呼罗珊一带的一支突厥人。13世纪时，蒙古人开始向西扩张，迫使他们迁移。**【智慧引路：奥斯曼帝国虽然在历史上起到了很重要的作用，但是朝代更迭，一个王朝的覆灭总是伴随着一个新的王朝的兴起。这让我们知道了世事无常，要学会顺应时代的变化。】最初他们依附于塞尔柱突厥人建立的罗姆苏丹国，在和拜占庭相邻的萨卡利亚河畔得到一块封地。1242年，罗姆苏丹国在蒙古人的打击下瓦解。于是这支突厥人获得了充分发展的机会，从此开始发展壮大。部落酋长埃尔托格鲁尔死后，他的儿子奥斯曼（1282—1326年）继位。1300年，奥斯曼开始自称苏丹，宣布他的部落为独立的伊斯兰国家，即爱米尔国。1301年，奥斯曼侵占了富庶的卑斯尼亚平原，当时奥斯曼的主要敌人是拜占庭帝国。拜占庭帝国在小亚细亚的土地是他**扩张**【**专家解疑**：扩大（势力、疆土等）。】的主要对象。1326年，奥斯曼夺取拜占庭在小亚细亚的重镇布鲁萨，控制了马尔马拉海峡，并把首都迁到布鲁萨，这一新的国家称为奥斯曼帝国，在国内居于统治地位的土耳其人被称作奥斯曼土耳其人。**这时奥斯曼帝国已经靠近了欧洲，定都布鲁萨，使得这个国家的发展方向必然是指向欧洲。**【**名师点拨**：这时候正是奥斯曼帝国发展速度增快的一段时期，这句话的描述，同时也预示了故事的发展方向。】

奥斯曼帝国真正大举扩张，是在奥斯曼的儿子乌尔汗（1326—1359年）统治时期。乌尔汗为了进一步扩张，建立了正规的常备军。他的常备军分为两种：一种是由得到采邑的封建主提供的军队；另一种是新建立的军队，这种军队的规模初期并不大，但是装备精良，训练严格，是奥斯曼帝国的主要战斗力量。这种军队的特殊之处是要终生服役，不得建立家庭，待遇优厚，享有特权。在奥斯曼帝国，几乎仍然采用中亚的战斗体制，男孩自小就要接受军事训练，社会以战争掠夺为荣，战士打起仗来英勇顽强。新军建立初期只有1万人，到16世纪中期发展到4万人，17世纪初发展到9万人。**当时，奥斯曼帝国有着良好的扩张条件，拜占庭已经衰落，罗姆苏丹国也已经分裂。奥斯曼帝国首先占据了原来罗姆苏丹国的大片地区，并以此为基础，开始大规模地向欧洲扩张。**【**智慧引路**：由于拜占庭已经衰落，罗姆苏丹国也已经分裂，奥斯曼帝国适时抓住时机，实现扩张。这就告诉我们，有些机会稍纵即逝，只有适时抓住机会，才能实现自己的梦想。】1331年，奥斯曼军队打败拜占庭帝国军队，攻占了尼西亚城。1337年攻占了克米底亚，距离君士坦丁堡很近，实际上已经占领了拜占庭在小亚细亚的全部领土。1354年，乌尔汗率军渡过达达尼尔海峡，占领了加里波利半岛，并把这里作为进攻巴尔干半岛的桥头堡。

乌尔汗的儿子穆拉德一世（1359—1389年）在位时，奥斯曼帝国占领了整个色雷斯东部。1362年，奥斯曼帝国攻陷亚得里亚堡，切断了君士坦丁堡与巴尔干半岛其他地区的联系，并把首都迁到这里。1389年，欧洲联军与奥斯曼军队在科索沃发生了激战。尽管由塞尔维亚、保加利亚、波斯尼亚、瓦拉几亚、阿尔巴尼亚和匈牙利人组成的联军作战英勇，在战斗中甚至击毙了苏丹穆拉德一世，但由于奥斯曼军队在数量上占有优势，联军终于被打败。塞尔维亚、波斯尼亚和保加利亚先后成为奥斯曼帝国的附庸【专家解疑：①古代指附属于大国的小国，今借指为别的国家所操纵的国家。②泛指依附于其他事物而存在的事物。】国，后来又被兼并为奥斯曼帝国的行省。这一胜利震动了欧洲各国的统治者，欧洲各国为了拯救拜占庭帝国，派出了援军。1396年，在多瑙河畔的尼科堡战役中，奥斯曼军队一举打败了匈牙利、法兰西、德意志等国的联军，将近1万名十字军被俘，除了用巨款赎回了300名贵族骑士外，其余的几乎全部被杀。**从此，欧洲人只能眼睁睁地看着奥斯曼帝国扩张。于是，巴尔干半岛逐渐落入奥斯曼帝国的版图，拜占庭帝国危在旦夕。**【名师点拨：一个王朝的建立与强盛，通常都会面临另一个王朝的衰落，这也就是朝代更迭的原因。】

但就在此时，中亚的帖木儿帝国强大起来，并开始向小亚细亚扩张。1402年，在安卡拉附近的一次大战中，帖木儿军大败奥斯曼军。这一事件暂时挽救了拜占庭，使之又勉强存在了一段时间。因为在这场战役以后，奥斯曼帝国的地方割据势力抬头，巴耶塞特苏丹的四个儿子之间开始了争夺王位的战争，新征服地区的人民也趁机掀起反抗运动。奥斯曼帝国处于严重的危机之中，不得不推迟了向欧洲的扩张。

穆拉德二世（1421—1451年）统治时期，奥斯曼帝国内部的战争停止下来，又继续向欧洲扩张。1430年，穆拉德二世率军占领帖撒罗尼加，拜占庭实际上已处于被包围之中。到穆罕默德二世（1451—1481年）统治时期，开始了对君士坦丁堡的直接进攻。1453年，他率领20万大军和300艘战舰从陆上和水上同时进攻君士坦丁堡。**君士坦丁堡虽然有许多险要之地和堡垒，军民也进行了拼死的抵抗，但力量对比悬殊，守军只有不足1万人。**【名师点拨：虽然城中的军民拼死抵抗，但由于力量的悬殊，注定了这场战争的失败，同时也意味着国家的覆灭。】最后，城中的热那亚人做了土耳其人的内应。奥斯曼帝国以保留热那亚人在君士坦丁堡城内加拉太区的商业殖民地特权为条件，利用涂油板将70多艘土耳其战船运到加拉太后面的陆地，然后用这些船只搭浮桥，从侧面攻城。君士坦丁堡被打开一个缺口。在顽强地坚持了53天之后，君士坦丁堡终于在1453年5月29日被攻陷，皇帝君士坦丁十三世阵亡，千年的帝国灭亡了。土耳其人攻陷该城之后，大肆劫掠3天，许多居民被杀或被掠为奴隶。奥斯曼帝国迁都于此，并把君士坦丁堡改名为伊斯坦布尔，即伊斯兰教的城市，著名的圣索菲亚教堂也被改为清真寺。

拜占庭帝国的灭亡，使东欧失去了屏障。奥斯曼帝国继续扩张。在巴尔干，征服了摩利亚和雅典公国；在爱琴海上，攻占了威尼斯人和热那亚人占有的岛屿。1459年又征服了塞尔维亚全境，1463年到1465年间，征服了波斯尼亚和黑塞哥维那，1479年占领了阿尔巴尼亚。此外，在中部地区，奥斯曼帝国迫使瓦拉几亚和摩尔达维亚承认其宗主权。土耳其人还把热那亚人在黑海岸边的殖民地及重要商业城市卡法夺了过去，克里米亚汗也被迫臣服于奥斯曼帝国。

此后，奥斯曼帝国暂时把侵略矛头指向东方。在苏丹塞里姆一世（1512—1520年）统治时期，开始了与伊朗的长期战争，但是这场战争并不顺利。土耳其人主要是为了夺取伊朗占据的伊拉克、库尔德斯坦和南高加索。**奥斯曼帝国只是在1514年打败过伊朗，并夺取了查尔兰高地，此后进展不大。受阻的奥斯曼帝国又把矛头指向了南部。**

【智慧引路】：奥斯曼帝国并没有专注在攻打伊朗这件事情上，当知道成效不大的时候，果断转变方向。这同时也告诉我们，在做一件事情的时候要学会变通，只有这样才会有出路。】1516年，奥斯曼帝国在阿勒颇打败埃及苏丹的军队。1517年，奥斯曼军队没有受到抵抗就进入了叙利亚、巴勒斯坦和埃及，埃及灭亡。这样，在很短的时间内，土耳其人夺取了地中海的东岸和红海要道，占领了麦加和麦地那。

苏里曼一世（1520—1560年）时期，帝国达到了鼎盛【专家解疑：正当兴盛或强壮。】。苏里曼是个非常有作为的君主，他把全部精力放

🔍 好词好句

屏障

＊奥斯曼帝国继续扩张。在巴尔干，征服了摩利亚和雅典公国；在爱琴海上，攻占了威尼斯人和热那亚人占有的岛屿。

在进攻欧洲上，继位不久就开始向欧洲全面进攻。1521年，他派兵攻占当时属于匈牙利的贝尔格莱德，1526年，在摩哈赤战役中击溃了匈牙利国王的军队，攻陷布达。以后数次进攻奥地利，甚至打到了维也纳。但在欧洲碰到了德意志神圣罗马帝国的全力抵抗，进攻的势头被**遏制**【**专家解疑**：制止；控制。】。

　　此后，苏里曼开始大举进攻阿拉伯半岛地区和北非。他首先派兵占领巴格达，完全占据两河流域，吞并了格鲁吉亚和亚美尼亚，又在很短的时间里占领了非洲的大片土地，攻占了的黎波里和阿尔及利亚。他的后代在1574年攻占了突尼斯。到16世纪中期，奥斯曼帝国已经成为一个庞大的帝国，**版图**【**专家解疑**：原指户籍和地图，今借指国家的领土、疆域。】囊括了之前存在过的阿拉伯和拜占庭两个帝国的大部分地区，地跨欧、亚、非三大洲，称雄一时。

　　1571年，奥斯曼帝国的海军在勒班多战役中被西班牙和威尼斯的联合舰队打败，失去了对地中海的控制。从此，奥斯曼帝国开始走下坡路。

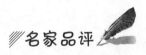

名家品评

　　奥斯曼帝国在中古后期和近代的历史发展中曾起了非常重要的作用。它攻陷君士坦丁堡，攻陷贝尔格莱德，攻陷布达，围攻维也纳，夺取了地中海的东岸和红海要道，版图已经囊括了以前的阿拉伯和拜占庭两个帝国的大部分地区，横跨欧、亚、非三大洲，称雄一时。但是，随着时间的推移以及对手的强大，1571 年之后，强盛的奥斯曼帝国也开始走向衰落。

阅读思考

　　1.奥斯曼的儿子乌尔汗 (1326—1359年) 统治时期，他的常备军分别是哪两种？

　　2.拜占庭帝国是怎样灭亡的？

　　3.奥斯曼帝国的版图究竟有多大？请简要说明。

新航路的开辟

马可·波罗的《东方见闻录》，使很多欧洲人对东方产生了浓厚的兴趣，哥伦布也不例外，他十分相信地圆学说，所以他想要根据这种学说去寻找富饶的东方。为了实现自己的梦想，哥伦布做了哪些事情？最后，他到达印度了吗？仔细阅读下面的文章，你将会找到满意的答案。

　　哥伦布通过阅读马可·波罗的《东方见闻录》，对富庶的东方产生了浓厚的兴趣。他相信当时已日益流行的地圆学说，认为地球是圆的，只要从欧洲海岸一直向西航行，就可以到达印度，从而得到大量的黄金、香料。1492 年 8 月 3 日拂晓，3 艘帆船从西班牙南端的巴罗士港起航，向西驶去。率领这支船队的哥伦布站在旗舰"圣玛利亚"号的船头，远眺无边无际的大海，陷入了沉思。此刻，他的心情是非

🔎 **好词好句**

富庶
流行
*率领这支船队的哥伦布站在旗舰"圣玛利亚"号的船头，远眺无边无际的大海，陷入了沉思。

常复杂的，既充满希望，又感到前途渺茫，还有几分恐惧。因为在基督教传说中，大海的四周是无底的深渊，当船到达那里时会被四周的魔鬼吞没。汹涌的大海使人无法捉摸，此行的结局也许是到达遍地黄金的地方，也许是葬身海底。当时，他并没有意识到这是人类地理大发现道路上的第一步。

哥伦布（1451—1506 年）的出身和出生地一直是个有争议的问题，但大多数学者认为他出身于航海事业发达的意大利热那亚城。当时，欧洲社会正经历着一场深刻的变革。经过近千年的发展，社会生产力已经有了明显的提高。**随着社会经济的发展，人们对货币的需求也在不断增加，由于社会上流通的货币奇缺，严重地制约了资本的积累。**【名师点拨：这是哥伦布寻找新航路重要的原因之一，那时候的市场迫切需要货币。而这样的原因也间接推动了历史的发展。】当时欧洲使用的货币主要是金币，黄金又是重要的装饰品，是财富的象征，所以人们对它的欲望是无穷的。而欧洲每年的黄金开采量却非常有限。造成黄金缺乏的原因还在于此前东西方之间的不平衡贸易。**欧洲上层社会在商品经济日益发展的情况下，对东方奢侈品的需求也在不断增加。东方的香料、丝绸、瓷器和其他产品不断地运往西方，而西方却没有可以交换的产品，只有用黄金和白银来交换，导致了金银的大量外流。**【名师点拨：随着欧洲社会的不断发展，他们对东方奢侈品的需求也在不断增加。由于西方没有用于交换的商品，所以就只能用黄金白银来支付，这些都增加了人们对黄金白银的需求。】这一切导致了人们产生狂热地寻找黄金的心理。哥伦布曾经说过："黄金是一个令人惊叹的东西！谁有了它，谁就可以**为所欲为**【专家解疑：想干什么就干什么；任意行事（含贬义）。】，做到一切想做的事。有了黄金，可以把灵魂送上天堂。"这就是当时欧洲人的心理写照。恩格斯也曾指出："葡萄牙人在非洲海岸、印度和整个远东寻找的是黄金；黄金一词是驱使西班牙人横渡大西洋到美洲去的咒语；黄金是白人刚踏上一个新发现的海岸时所需要的第一件东西。"

然而到哪里去找黄金呢？一些人把希望寄托在遥远的海外和东方。这并不是没有道理的，关键是怎样到达那里。意大利旅行家马可·波罗在他的《东方见闻录》中把东方描写得非常富有，说那里黄金遍地，香料盈野。不过，当时到东方去可不是一件容易的事，去遥远的东方要经过千难万险。11世纪时，欧洲封建统治者曾经组织过十字军，**企图**【专家解疑：①图谋；打算（多含贬义）。②意图（多含贬义）。】到东方**掠夺**【专家解疑：夺取。】一番，结果伤亡惨重。采取和平的方法也是困难重重，当时通往东方的重要商路有三条：一条在北部，经小亚细亚、黑海、里海至中亚细亚；一条在中部，从地中海东岸经两河流域至波斯湾，再从海路到东方各地；还有一条在南部，经埃及的亚历山大港到红海，再从海路到东方。北部的一条被对欧洲人仇视的土耳其人占据着，奥斯曼帝国与神圣罗马帝国正处于战争状态。另外两条被阿拉伯商人控制着，伊斯兰教和基督教的敌对状态使欧洲人休想经过这里。东方与西方的一切交往都必须经过阿拉伯人的手，商品经阿拉伯商人转手后要提高8~10倍的价钱，欧洲的贵族和商人早就想绕过中东地区，另寻途径到达中国和印度。到了15世纪末期，欧洲人终于具备了实现这一愿望的条件。

15世纪末期，欧洲比较强大的民族国家已经形成，如英国、法国、葡萄牙和西班牙。任何事业都可以在国家的赞助下进行。当时的天文地理知识也有了很大的发展。**古希腊地理学家的地圆学说日益流行，**

在航海方面，欧洲的造船技术得到了很大改善，中国发明的罗盘针在欧洲已经得到了应用，在大海中航行可以不迷失方向，这使远程航海成为可能。同时在欧洲出现了一批敢于冒险的航海家和赞助者。在新航路的发现中，哥伦布是最为典型的代表人物。【智慧引路：航海成功的很多条件已经具备，并出现了一批代表人物。因此，同学们在做事情的时候，一定要有充分的准备，只有这样，成功的可能性才会更大。】

为了实现自己的愿望，哥伦布四处寻求资助者，但到处碰壁，大多数人都不相信他的说法，更不愿把钱用在这种冒险上。1486 年，哥伦布来到经济基础强大的西班牙王宫，向西班牙国王陈述了他的主张和设想，并提出了一些条件。西班牙国王于 1492 年 4 月 17 日和哥伦布签订了"圣大非协定"，决定给予其赞助，并事先封他为将要发现的土地的宗主和统治者，即在各海洋中由他亲自发现或取得的一切岛屿及大陆的海军上将，新发现土地的世袭总督，他有权把新土地上总收入的 5% 留为己有，但这些土地的主权属于西班牙国王。

经过一番准备，哥伦布终于在 1492 年 8 月 3 日从西班牙出发了。他的船队由三艘大帆船和 87 名水手组成。哥伦布指挥船队一直向西航行，他对途中见到的每一群海鸟和每一片水草都进行仔细的观察，不放过一点儿线索。1492 年 10 月 12 日凌晨，在经过两个多月的航行，久盼陆地而不见，船员中怨声四起，几乎要发生叛乱【专家解疑：叛变作乱（多指武装叛变）。】的时候，船头上的一名水手突然发出一声惊叫："啊！陆地！"原来他在月光下隐隐约约地看到前方有一块陆地。天亮时，他们来到了一个岛屿。哥伦布立即上岸，面对繁盛的草木，他欣喜地宣布这里是西班牙的土地，并命名为圣萨尔瓦多岛。圣萨尔瓦多意为救世主，这个岛屿就是现在的巴哈马群岛中的华特林岛。

哥伦布以为他已经到了印度,所以把当地人称为印第安人(即印度人)。哥伦布没有向西,而是由此向南继续航行,到达了附近的古巴和海地,发现了那里的许许多多的大小岛屿。**但令哥伦布失望的是,这里并没有他所想象的那么多黄金和香料,只是有许多他们从来没有见到的动植物和风土人情。**【智慧引路:哥伦布虽然一心想要找到新大陆,但事实证明这并不是一帆风顺的。我们在实现自己理想的过程当中,也要做好迎接挫折的准备。】尽管如此,土地对他来说也是非常重要的。

哥伦布作为欧洲人在美洲的第一个殖民者,虽然没有得到大量的黄金,但是仍可以通过其他方式满足自己对财富的欲望。**起初,欧洲殖民者还不是赤裸裸的抢夺,而是进行不平等的贸易。当时这些岛屿上的印第安人的生产方式还是极其原始的,因此,欧洲人带来的所有制品,甚至废物、玻璃碎片和每张用过的扑克牌对于他们来说都是宝贝。他们用这些东西换取印第安人的大量贵重物品。**【名师点拨:欧洲殖民者最开始的时候并没有掠夺,只是利用当地人民的无知做不平等交易,因为当地人民的生活比较原始,所以,欧洲殖民者就利用这种方式换取了大量贵重物品。】印第安人把这些远方来的白人当成神派来的贵客,热情地招待他们,满足他们的各种要求,对于他们的野心并没有提防。然而正是这些人预示了他们灾难的到来。哥伦布到达海地以后,在那里建立据点,把欧洲的先进武器——大炮和火枪带到了岛上,开始了对当地人民的血腥统治和疯狂掠夺。哥伦布为了**炫耀**【专家解疑:①照耀。②夸耀。】他的成功,带着掠夺来的财富和10个印第安人返回,于1493年3月15日回到西班牙的巴罗士港,向欧洲人宣布他已经找到了通往印度的航路。这在欧洲引起了轰动,哥伦布得到了国王的礼遇,成为西班牙的贵族。

不久，西班牙国王决定再次派哥伦布远航。这次，哥伦布先后到达多米尼加、海地等地。此后，哥伦布又两次到达美洲。但由于哥伦布所到之处黄金不多等原因，他并未给西班牙国库带来巨大收入，也未能使自己成为巨富，反而遭到西班牙贵族的忌恨【**专家解疑**：嫉恨。】和排挤。1506 年 5 月 20 日，他病逝于西班牙的瓦里阿多里德城。

哥伦布至死都认为，他所到的地方是印度。**后来一个叫作亚美利加的意大利冒险家到了美洲大陆的另一边，看到了太平洋，从而证实了哥伦布发现的并不是印度，而是欧洲人过去不知道的一个新大陆。**【**名师点拨**：哥伦布找到的那块大陆实际上并不是他认为的印度，却是一块从来没有被发现的土地，这样的巧合不得不让人感叹"柳暗花明又一村"啊。】后来，人们就把那里称为亚美利加洲，即美洲。

西班牙派人向西航行的同时，葡萄牙人也在不断地向南寻找通向东方的航路。葡萄牙人很久以前就在不断地向西航行。早在 1487 年，葡萄牙人迪亚士就在国王的鼓励下，组织船只沿着非洲海岸向南航行，到达非洲最南部的好望角。接着，葡萄牙人达·伽马（1469—1524 年）组织了更大的船队，于 1497 年 7 月 8 日从里斯本出发，先是循着迪亚士发现的航路于同一年的 11 月到达好望角，并从那里折向北航行。1498 年 3 月，到达了莫桑比克。在一个阿拉伯向导的指引下，在这里建立据点，但遭到当地人的抵制，所以他在购买了大批的香料、丝绸、宝石和其他东方特产后匆匆返航。他这次所带回货物的纯利润是全部航行费用的 60 倍。**在之后的航行中，葡萄牙人带来了更多的人马和大炮，打败了印度洋上各地有组织的抵抗，建立了许多商业和军事据点，终于控制了这条通往东方的航路。**【**名师点拨**：葡萄牙为了控制前往东方的航线，不断加派人马和大炮，并最终实现了全面控制，这就告诉我

们任何一种得到都要付出，所谓"将欲取之，必先予之"就是这样。】

真正通过探险证实可以环绕世界航行的是麦哲伦。西班牙人虽然发现了美洲，但当时在那里所获得的利益却远远不如葡萄牙人在印度所获得的多，所以西班牙人决意要继续向西航行，以求从西面到达印度。1519年9月20日，葡萄牙人麦哲伦（1480—1521年）在西班牙国王的资助下，率领一支由五条大帆船和265名水手组成的探险船队出航，先是沿着已经知道的道路向西航行，然后转向南，沿着美洲大陆摸索着南下。途中曾经因冬天的寒冷而停留相当长一段时间。此后，在春天到来之际发现了美洲南部的海峡，后来人们把这里称为麦哲伦海峡。**在横渡太平洋时，麦哲伦的船队经历了严重缺少食物和淡水的困难，一些丧失希望的人曾经发动反对麦哲伦的叛乱，叛乱的首领被麦哲伦抛在途中的荒岛上。**【智慧引路：困难的时候总是人心最不稳定的时候，当人们面临缺少食物与水的威胁时，总是最没有希望的时候，这种情况在任何时候、任何地点都会发生。】1521年3月，麦哲伦终于到达了菲律宾群岛。麦哲伦的船队在这里得到了补给【专家解疑：补充、供给（弹药和粮草等）。】。在干涉岛上内部战争时，麦哲伦被当地的土著人杀死。后来船队沿着已经熟悉的航路进入印度洋，再沿着葡萄牙人发现的航路返回西班牙。当1522年9月船队返回西班牙时，水手们惊奇地发现所使用的日历少了一天。通过这次航行，使地圆学说得到了确认。

新航路发现以后，世界的交往范围进一步扩大，但在初期，由于东西方在经济发展水平、武器设备等方面的差距，欧洲人开始了大规模的殖民活动，在非洲、亚洲和美洲占领殖民地，压迫和剥削当地人民，进行奴隶贸易。

名家品评

根据马可·波罗的《东方见闻录》的讲述，哥伦布踏上了寻找新大陆的旅程，但他最终却发现了美洲，并成为那里的第一位殖民者。与此同时，葡萄牙也在寻找着通往东方的航线，麦哲伦成为环绕世界航行证实学说的第一个人，并揭开了大规模殖民的序幕。

阅读思考

1.发现新航路的最开始，要具备哪些条件？

2.哥伦布实现自己的愿望了吗？

3.真正发现东方的人是谁？他是如何发现的？

俄罗斯帝国的创立者——彼得大帝

俄国罗曼诺夫王朝的第四代沙皇彼得·阿列克塞耶维奇·罗曼诺夫在10岁的时候就已经登基了，但是他同父异母的姐姐索菲娅为他带来了很多困扰。这些困扰是怎样的呢？彼得大帝又是怎样处理的呢？之后彼得大帝又做了一些什么事情呢？仔细阅读下文，你将会找到满意的答案。

1682年，一个刚满10岁的小沙皇登基【**专家解疑**：帝王即位。】了。他就是俄国罗曼诺夫王朝的第四代沙皇彼得·阿列克塞耶维奇·罗曼诺夫。

彼得即位不久，他的同父异母姐姐索菲娅便借助射击军兵变，上台执政。彼得被迫和母亲住在莫斯科的郊外。**他从小就喜欢军事游戏，把自己的小伙伴编成两个"游戏"兵团，整天在绿荫环绕的村庄中建筑土堡，进行军事演习及防战游戏。**【**智慧引路**：有时候，小时候的兴趣会对未来的人生产生重大的影响，彼得大帝就是这样。因此生活中的我们也要重视童年的兴趣爱好，珍视并看重它。】

7年以后，彼得长大了，他的"游戏兵"成了两支训练有素的近卫军。索菲娅意识到彼得是个危险的对手。1689年8月，她发动兵变，企图废掉彼得，但是阴谋失败，索菲娅被送进修道院。

彼得开始亲自执政。这时的俄国基本上是个内陆国家，经济也很落后，要改变这种状况，彼得认为首先要有出海口，他宣称"水域，这就是俄国所需要的。"有了出海口，就等于打开了通向西欧的窗口。

1695 年 1 月，彼得亲率 3 万大军进攻土耳其，企图占领亚速海。由于没有海军，彼得不能从海上包围亚速城堡，而土耳其舰队却可以经常提供援助，这次远征失败了。**但他并不灰心，而是用一年多时间建立了一支舰队。1696 年春天，30 艘俄国战舰出现在亚速海上，俄军水陆并进，围攻亚速城堡，土耳其战败求和，亚速海落到了俄国人手中。**【智慧引路：第一次进攻并没有获得成功，但是，沙皇并没有灰心，他用了一年的时间积极训练军队，不久就将土耳其军队打败，并占领了亚速海。所以，同学们在生活当中要不怕失败，勇于面对困难，积极挑战，就一定能获得成功。】

占领亚速海后，俄国并没有打通南方的出海口。因为土耳其不仅占领着亚速海的门户——刻赤，还拥有一支强大的海军，统治着黑海。彼得觉得应该向西欧学习，他决定派一个使团到西欧各国考察。

1697 年，俄国考察使团出发。彼得化名为彼得·米哈依洛夫，以下士身份随同前往。他非常重视学习西方的先进科学技术，自称是"一个寻师问道的学生"。他身高近两米，强壮有力，亲自在造船厂当木匠，学习造船技术。在阿姆斯特丹，他在一家最大的造船厂当学徒，干了四个多月，空闲的时候，彼得总是去参观手工工场、博物馆，访问著名的学者、科学家，聘请他们去俄国工作。**在伦敦，他考察了英国的国家制度，还出席了国会的会议，参加了王宫的化装舞会。**【名师点拨：我们常说："读万卷书，不如行万里路。"彼得大帝正是这样，他没有局限于自己宫

廷内的那一小块土地，而是周游各国，展开学习，这也为后文故事的发展奠定了基础。】

正当彼得在国外考察时，国内射击军发动兵变，要求立索菲娅为沙皇。彼得闻讯后，急忙赶回国内，残酷地镇压了叛乱，处死了1000多人。他强迫索菲娅当修女，还把195名叛军的尸体吊在她的窗前。

平息叛乱后，彼得开始在俄国进行全面改革。他大力鼓励本国商人和外国商人投资发展工业，先后开办了冶金、纺织、造船等200多家工场。他又征召大批农奴开凿运河，建设通商口岸，发展商业。

【智慧引路：彼得大帝残酷地镇压了叛乱之后，就开始全面改革自己的国家，他鼓励工商业，并积极改善交通条件。就是因为彼得大帝，俄国才迅速地发展起来。】

彼得非常重视文化教育，先后开办了工程技术学校、航海学校、造船学校、海军学校等专门性学校，派遣留学生到西欧学习。他还创建了博物馆、图书馆和剧院，创办了俄国第一份报纸《新闻报》，由他亲任主编。

彼得又改革了礼仪制度，甚至采取强制性手段，迫使俄国贵族接受西方习俗。彼得1698年从国外回来接见贵族时，当场剪掉他们的长胡子，禁止他们下跪，后来又下令禁止穿俄罗斯长袍。彼得鼓励贵族学习西方人的贵族礼仪，要他们头戴撒了香粉的假发，脚穿喇叭口的长筒靴，带着妻子儿女参加各种晚会、舞会，进行社交往来等。

彼得对国家行政机构进行了全面改革。撤销了原来那些守旧无能、臃肿混乱的政权机构，把地方政权完全集中到中央，也就是彼得一人手中。这些改革使俄国皇帝拥有了**至高无上**【专家解疑：最高；没有更高的。】的权力，俄国也变成了绝对的君主专制国家。

彼得花了很大力气进行军队的改革，兴办兵工厂、造船、铸炮，改善军队的武器装备。同时，扩大征兵，建立了一支拥有130个兵团、20万士兵的强大陆军和一支拥有48艘战舰的海军。

在改革过程中，彼得深深感到过去按门第选用官吏这种制度的不合理性，决定打破旧传统，按能力和才干任用各级官吏。这一改革，使一些出身低微的人在政府中升任要职。彼得的第一位总检察长雅古任斯基小时候放过猪，他的亲信大臣、陆军元帅缅西科夫曾经在莫斯科街头卖过肉包子。

改革之后，俄国富强了。**彼得又开始为俄国寻求出海口，南方不行，就把眼光投向北方，首要的进攻目标就是瑞典。**【名师点拨：任何一个国家只要拥有了一位有眼光的领导人，它就必将会逐渐走向强盛，彼得大帝的这些行为也已经预示了故事的发展。】瑞典是北欧最强大的国家，也是欧洲强国之一，它拥有一支强大的军队。彼得要和瑞典争夺波罗的海是一个非常大胆的决定，是对俄国的一次严峻考验。

1700年秋天，彼得率3万大军包围了瑞典的城堡纳尔瓦。18岁的瑞典国王查理十二世，先击败了俄国的盟友丹麦，接着带领1万多精兵向俄军发动猛攻。俄军全线崩溃，几乎全军覆没，彼得只身逃回了莫斯科。

惨重的失败没有让彼得丧失信心，他利用查理十二世进攻波兰的有利时机，以最大的努力重建军队。

彼得从全国各地征集新兵，加紧训练。没有大炮，他命令每三个教堂交出一口铜钟来铸炮。一年之后，俄国铸出了300门大炮。1703年，俄军再次进攻瑞典在波罗的海沿岸的要塞，占领了尼恩尚茨·纳尔瓦。然后在涅瓦河口附近的科特林岛上修建要塞卡朗施塔特，在叶尼萨利岛上建立彼得——保罗要塞。彼得——保罗要塞地处大涅瓦河、小涅瓦河的汇合点，控制着通向波罗的海的水路。彼得选中这块地方作为未来的首都，使它成为真正的通向欧洲的窗口。

1712 年，彼得在涅瓦河两岸的荒岛上建立了一座新城市，取名为彼得堡，把首都从莫斯科迁到这里。

1709 年 6 月 27 日，俄国和瑞典的波尔塔瓦展开了规模**空前**【**专家解疑**：以前所没有。】的激战。彼得亲临前线指挥，他的帽子和马鞍都中了枪弹。最后，瑞典**溃败**【**专家解疑**：（军队）被打垮。】，查理十二世逃到土耳其。后来俄军又多次在波罗的海打败瑞典。1721 年，双方签订和约，俄国从瑞典手中夺得了芬兰湾、里加湾沿岸的土地，从而解决了北方出海口问题。

1721 年 10 月，俄国枢密院尊称彼得为"大帝"和"祖国之父"，俄国也正式改称为"俄罗斯帝国"。

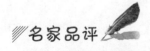

名家品评

　　彼得大帝刚刚登基时就遭到了自己同父异母的姐姐的阻挠，之后姐姐遭到了彼得大帝的残酷镇压。执政之后的彼得大帝积极发展自己国家的工商业与贵族礼仪，他甚至为了发展自己的国家，还积极发动战争，虽然中间有诸多波折，但彼得大帝都依靠自己毫不屈服的性格，顺利扭转了局势。

阅读思考

　　1.彼得大帝的同父异母姐姐做了哪些事情？

　　2.为了发展自己的国家，彼得大帝做了哪些事情？

　　3.彼得大帝是怎样得到波罗的海的？

美利坚合众国的缔造者——华盛顿

众所周知，华盛顿是美国的首都，位于大西洋东岸的波托马克河畔。事实上，1800年以前，并没有这样一座城市存在，人们是为了纪念开国元勋华盛顿才建立这个城市的。那么，华盛顿都做了哪些事情呢？他为什么要做这些事情？想要知道这些问题的答案吗？那就往下阅读吧！

大家都知道，美国的首都是华盛顿，它位于大西洋东岸的波托马克河畔。其实，在1800年以前美国并没有这样一座城市，它是美国人民为纪念美国的开国元勋——乔治·华盛顿而专门建立的，由此可见他在美国人民心目中的地位是多么**崇高**【专家解疑：最高的；最高尚的。】。

1732年12月22日，乔治·华盛顿生于弗吉尼亚的一个种植园主家庭。他自幼丧父，只继承了少量的田产和10个黑奴。16岁的时候，就去西部做土地测量员，后来又在俄亥俄河流域做过土地买卖，靠着自己的艰苦奋斗，华盛顿成为当地有名的大种植园主。

当时，英法两国为争夺北美殖民地进行了**旷日持久**【专家解疑：多费时日，拖得很久。】的战争，英国为战胜法国，竭力争取北美大种植园主的支持。1754 年，弗吉尼亚总督答应把 20 万英亩土地给参加反法战争的富人，华盛顿积极参加了英国方面的对法作战，指挥弗吉尼亚地方武装英勇战斗，屡立战功，协助英军把法军赶出北美。但战争结束后，英国却立刻翻脸，宣布西部土地为王室私产，不准垦殖。这一禁令使华盛顿一下子丧失了 3 万多英亩土地，从此，他成为英国殖民政策的坚决反对者。

1775 年 4 月 19 日，波士顿人民在莱克星顿打响了反抗英国殖民统治的第一枪，北美各州人民纷纷响应，轰轰烈烈的美国独立战争爆发了。

1775 年 6 月，北美 13 个英属殖民地在费城召开"大陆会议"，华盛顿被任命为大陆军总司令。这时，波士顿起义军正和那里的英军激战，华盛顿立即骑马出发，于 7 月 3 日抵达波士顿，他亲临前线指挥战斗，给英军以严重打击。

在战争初期，美军打得非常艰苦。他们中的大多数人是临时召集来的农民，衣服破烂不堪，没有武器，更没有受过正规军事训练，根本不像一支军队。另一方面，美军的后勤供应也极度困难，士兵们经常吃不饱、穿不暖，有时一连五六天吃不到面包，只好吃马料，在寒冷的冬季，有许多士兵不得不赤脚行军。【名师点拨：在战争爆发的最开始阶段，由于士兵都是没有受过正规训练的农民，也没有完善的后勤供应，

🔍 好词好句

响应
轰轰烈烈
*1775 年 4 月 19 日，波士顿人民在莱克星顿打响了反抗英国殖民统治的第一枪，北美各州人民纷纷响应，轰轰烈烈的美国独立战争爆发了。

军人们的生活十分艰苦。这样的描写更能反衬出胜利来之不易。】

相反，他们的对手——英军却装备精良，训练有素，后勤供应充足。所以，美军一败再败，纽约等要塞相继失守。到 1777 年 9 月，连首都费城也被英军占领，有些意志不坚的将领竟率兵向英军**投降**【**专家解疑**：停止对抗，向对方屈服。】。

在极其严峻的形势下，华盛顿始终忠于北美人民的独立事业，从来没有动摇过。他以非凡的才干，把原来自由、散漫、缺乏组织纪律和统一指挥的美军组织起来，使他们在战斗中得到锻炼和成长，从而逐步建立了一支强大的正规军。他鼓励美军士兵，号召他们为自由而战，指出：美利坚人是自由的，还是奴隶；我们的田产应当归自己，还是被劫夺、被毁坏；这都取决于我们自己的选择。摆在独立军将士面前的只有两条路：一条是勇敢地反抗，一条是屈服。

他努力将各州团结、联系起来，共同作战。1777 年 10 月，美军在萨拉托加大败英军，从而扭转了整个独立战争的局面。与此同时，为了孤立英国，美国又在多方展开了外交活动，争取法国等国的援助。【**智慧引路**：为了打赢这场战争，华盛顿展开了多方工作，他不仅团结内部，还积极展开外交工作，孤立英国。有力促进了独立战争的胜利。所以我们在生活中，一定不要被苦难打倒，只要运用一切可以运用的力量，就一定能取得胜利。】1778 年 6 月，法国军舰开进美国，英军被迫从费城撤退，把主攻方向转向南方。1780 年，英军把主力转移到南方港口城市约克镇。法国和美军两路并进，直逼约克镇。法军用海军封锁海港，切断英军海上补给线，断绝了英国军队退路，华盛顿则率军队从正面猛攻。

1781 年 9 月，英军统帅康华理率部下千余人向华盛顿投降，美国独立战争取得了最后的胜利。

独立战争胜利后，华盛顿解甲归田，回到弗吉尼亚继续经营自己的种植园，在葡萄树和无花果树的绿荫下享受宁静的田园生活。1787年，华盛顿再度出山，主持制宪会议，制定了世界上第一部资产阶级宪法。1789年4月，华盛顿当选为美国第一任总统。

做完了两任总统，华盛顿又回到家乡过着退隐【专家解疑：指官吏退职隐居。】生活。1799年12月14日，华盛顿病逝。

名家品评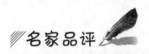

在英法两国为了争夺殖民地而爆发的战争中,华盛顿帮助英国战胜了法国。但是,由于英国的出尔反尔,遭到了大量民众的敌视,于是美国就爆发了独立战争。为了赢得这场战争的胜利,华盛顿团结内部民众,广泛开展外交,孤立英国,最终取得了独立战争的胜利。晚年的华盛顿过着隐居田园的生活,表现了华盛顿的淡泊名利。

阅读思考 ....

1. 华盛顿为什么要参加战斗?

2. 为什么华盛顿要带领人民展开与英国之间的独立战争?

3. 独立战争刚刚爆发的时候,华盛顿的军队是怎样的状况?

拿破仑

很多中国学生都将拿破仑作为自己最崇敬的历史人物。因为现在的中国也处于改革的浪潮当中，这与拿破仑勇敢扫荡欧洲封建势力，建立自由、平等的共和国有很多相似之处。那么拿破仑是怎样走上改革之路的呢？这条路顺利吗？我们可以从下文中找到满意的答案。

中国某高等学校学生会组织的一次百科知识竞赛中，有一个题目这样问道：

"古今中外历史上，请举出一个你最崇敬【**专家解疑**：推崇尊敬。】的人物。"不少学生都写道：拿破仑。

其实，并非仅仅这一个高校如此，当时中国不少高校都对拿破仑产生了浓厚的兴趣，有人称之为"高校拿破仑旋风"。拿破仑在中国高校所引起的这股热潮并不是偶然的。那个时期的中国，改革开放刚刚步入正轨，思想界的主流就是思想解放、言论自由，这与拿破仑在法国受启蒙运动思想的感召下，勇敢扫荡【**专家解疑**：①用武力或其他手段肃清敌人。②泛指彻底清除。】欧洲封建势力，建立自由、平等的共和国有不少相似之处。所以说，作为历史人物的拿破仑，其影响可以说是世界性的。

1769年8月15日，拿破仑·波拿巴出生于法国科西嘉岛阿雅克修城的一个贵族家庭。恰好这一年，本不属于法国的科西嘉岛被划归法国管辖。或许，这对拿破仑来说是某种预兆。他的父亲是一位律师，曾热衷于政治，参加过法国的政党。

1779年，拿破仑10岁，父母为了让他长大以后适应法国的各种环境，多了解法国的历史发展、文化背景和现实社会，就把他送到了布伦纳城去学习。**拿破仑怀着满心欢喜和满腔信心来到了布伦纳。在这里接受了五年的文化教育。或许是对法语特别陌生，或者是兴趣全无，拿破仑的法语学得非常糟糕，以至于影响了他一生。到后来当上了法兰西第一帝国的皇帝时，他的法语竟然还说得很不流利！**【智慧引路：很多同学们在学习的时候也像拿破仑一样，不能坚持到最后。拿破仑因为没有好好学习法语，最终影响了自己的一生，所以我们在学习的时候一定要坚持到底，引以为戒。】

但这五年的学习对拿破仑又确实很重要，他没有辜负父母的期望，历史课学得很好，可以说很出色，他对法国的历史事件、历史人物、历史发展了如指掌，这也成了以后拿破仑引以为豪的资本！此外，他的数学课也学得很好。【名师点拨：通过这一段时间的学习，拿破仑掌握了很多之前没有接触过的知识，这些也为他后面的人生之路奠定了基础。】

15岁那年，拿破仑开始了他一生中的重要转折——进入了巴黎陆军学校学习。学习时间虽然只有两年，但对拿破仑来说，是思想发展、形成的最关键时期。受启蒙运动者的影响，他认真阅读了伏尔泰、孟德斯鸠等人的著作，尤其是卢梭的作品对他影响更大。从这些思想家的思想深处，他了解到人类社会发展中的一个重要问题，就是一些独裁者严重阻碍了人类历史的发展。森严的等级制度是制造人类极不平等的现实的祸根，而封建统治者的残暴、荒淫，就是束缚人类社会向前发展的**桎梏**【**专家解疑**：脚镣和手铐，比喻束缚人或事物的东西。】。所以，要彻底打败、清除封建统治，建立一个自由、平等、和谐、幸福的人类新社会。

拿破仑的这种叛逆思想，成了青年拿破仑奋斗、追求的指导原则，也成了他为之不懈努力的远大理想。

在巴黎陆军学校毕业后，拿破仑当上了一名少尉军官。可是，军校每年都有数量**可观**【**专家解疑**：①值得看。②指达到的程度比较高。】的毕业生，在这些毕业生中，拿破仑与其他学员一样，没有什么更值得他的老师、同学特别注意的表现，他只不过是一个普普通通的学员而已。

不久，拿破仑的机会来了。

1791 年，阔别故乡几年后，他第一次回到故乡，任务是同科西嘉的保王党进行坚决的斗争，不允许他们对法国大革命进行任何破坏。1792 年，拿破仑第二次回到故乡，针对保王党内部顽固分子企图对革命的反攻，拿破仑采取了果断而有力的措施予以打击。经过这两次故乡之行，拿破仑非常自豪地感觉到，他像他父亲一样，对政治有着浓厚的兴趣和极高的热情。这使他在整个法国大革命时期，能够坚定地站在革命营垒之中，对革命予以最大限度的支持。**尤其是在革命遭受挫折时，不少贵族出身的军官纷纷叛离革命，逃到国外去过安逸自在的生活，甚至积蓄力量，伺机向革命反扑。这时候，拿破仑却仍然留在革命营垒中毫不动摇。他对叛变革命的贵族军官们非常气愤，同时，他在心中告诫自己：在反对封建势力这个革命大潮中，自己一定要站稳脚跟，宁可死去，也决不背叛革命！**【**名师点拨**：当革命遭遇挫折、许多军官叛离的时候，拿破仑坚定地捍卫革命，宁死不屈。不仅表现了拿破仑坚强的意志，同时也为拿破仑之后的事业奠定了基础。】

他是这样想的，也是这样做的，他把自己的一切都交给了革命，准备随时为革命献出一切，甚至生命。

与此同时，拿破仑参加了多次反欧洲封建联盟对法国革命的干预，这使年轻的拿破仑有了充分的锻炼机会，他也充分地利用了这些机会。在斗争中，他越来越熟悉封建势力对革命运动所使用的方式方法，也越来越明白应该如何对付封建势力。这对他以后领导革命起到了重要的作用。

终于，青年拿破仑有了独自率军作战的表现机会。【智慧引路：*拿破仑正是因为抓住了这次机会，所以才开始了他辉煌的一生。生活中的我们也要善于抓住机会，只有这样才能实现自己的人生价值。】*

1793 年，拿破仑 24 岁，血气方刚，斗志正旺。这一年，法国保王党在英国人的大力支持下，试图消灭革命军。他们一举攻占了法国南部位于地中海沿岸的重镇土伦。拿破仑奉命迅速夺回土伦，击溃保王党。

这个任务非常艰巨，土伦是南方大门，其防御工事非常坚固，而且，保王党准备以此为据点，进一步扩大战果，所以严加**防范【专家解疑**：*防备；戒备。】*。

"怎么办呢？这可是自己的表现机会。如果成功了，以后会有很好的前途；如果失败了，以后就可能永无出头之日！所以，这次行动，只准成功，不许失败！"**拿破仑很明白这件事情对他的意义，于是他尽了最大努力去准备。【智慧引路**：*因为明白这件事情对自己的意义，所以拿破仑总是全力以赴。生活中的我们在认定一件事情之后，只要尽自己最大的努力，也一定会有所成就。】*

经过认真、谨慎地调查、准备，拿破仑认为，要以强火力攻克土伦。于是，他加紧铸造大炮、训练炮兵。几个月之后，一支炮兵部队在拿破仑的精心策划下开到了作战地点。"准备作战！"拿破仑下达命令。

"砰、砰、砰"几声枪声后，拿破仑的士兵倒下了几个。原来，保王党们躲在暗藏的防御工事里，趁拿破仑不注意，率先向拿破仑的军队开火了。

拿破仑一看，自己的士兵先倒下了几个，非常气愤。他所率领的炮兵战士，因大多是几个月前集训的，没有上过战场，看到这种场面，一部分士兵害怕了。拿破仑感觉到，要是不马上发起进攻，后果将不堪设想。

只听见"轰、轰、轰"，震耳欲聋的炮声袭向保王党阵地。一阵炮声过后，敌人倒下了一大片。拿破仑的士兵一看报了死亡士兵的仇，一下子来了劲儿，接着又是一阵"轰轰"的巨大声响，敌人的防御工事被摧毁了。

"冲啊！"拿破仑身先士卒，时机一到，他第一个跃出阵地，冲向敌人。

士兵们一看指挥官这样勇猛，也一个个如离弦之箭般向敌人猛扑过去。

经过激烈的交锋，敌人死的死、伤的伤、逃的逃，拿破仑取得了胜利，占领了土伦。不出拿破仑所料，这次胜利使法国军官们对拿破仑这个年轻的下级军官另眼相看，而且为了表彰拿破仑为革命所做出的突出贡献，他被破格提升为将军，拿破仑非常高兴。

但拿破仑高兴得太早了，革命政府中不少人对这个出身贵族家庭的青年将军表示怀疑。他们怀疑他参加革命的目的与动机，他们不相信这位连法语都说不好的青年是真正的革命者。有人甚至编造一些故事诬陷【专家解疑：诬告陷害。】他，致使他遭受不应遭受的迫害。拿破仑陷入深深的痛苦之中。

这种情况持续了将近两年。

1795 年，保王党人收买了巴黎的武装警备司令，国民议会受到保王党人的包围。**这时国民政府中有人想到了拿破仑，于是他被重新起用，被任命为法国"内防军"司令。**【智慧引路：生活中总是这样，当你处于低谷的时候永远不要放弃希望，因为你不知道什么时候就会东山再起。】这年 10 月，拿破仑指挥 6000 士兵，去对付近 3 万人的保王党部队。这种情况对于年轻气盛的拿破仑来说一点儿也不可怕，他反而认为，这正好可以施展自己的抱负，表现自己的才能。他认为，如果自己是 3 万兵力，而敌人只有 6000 兵力，那么，打胜了也不光荣。

拿破仑在街上架起大炮，向保王党发动猛烈轰击。保王党在这个时候还在做战争准备呢，当他们听到隆隆的炮声时，都慌作一团，匆忙去寻找武器反抗，但已经来不及了。拿破仑率军英勇出击，在不到一天的时间内，就把敌人全部镇压了。**拿破仑以少胜多，又取得了一个重大胜利。他暗自高兴：这次看你们这些人还轻视不轻视我了。**

【智慧引路：拿破仑为了证明自己的实力，以少胜多，取得了又一个重大的胜利，使别人再也不敢轻视他。同学们，在生活当中，要避免别人对自己的轻视，就一定要用事实证明自己的实力。】

果然，土伦战役和镇压保王党战役使拿破仑名声大振，法国国民革命政府对拿破仑委以重任。

1797 年，他被任命为法国意大利方面军总司令，后又率军出征埃及，取得了一个又一个胜利，充分显示了青年拿破仑的军事才能。

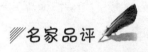

名家品评

　　拿破仑作为很多当代学生最为崇敬的中外历史人物，在年轻的时候同样拥有年轻人所属的特质，他对不喜欢的科目毫无兴趣，年轻气盛。但是他同样也拥有自己独有的特质，就是顽强不屈，为了自己的理想可以付出生命，为了让别人不再轻视自己而不断证明自己。最终他取得了一个又一个胜利，攀登上了常人难以企及的高峰。

阅读思考

1. 当代很多学生为什么将拿破仑作为自己最为崇敬的人物？

2. 当很多人都叛离的时候，拿破仑是怎样做的？

3. 为了证明自己，拿破仑又做了哪件事？这件事情的结果是怎样的？

人类的耻辱——奴隶贸易

在人类社会的发展史上，贩卖人口是最黑暗、最可耻的一段历史时期，这段时间延续了400年。由于资本主义的不断发展，资产阶级需要大批的廉价劳动力和巨额的财富或货币资本，为了达到这个目的，资本家都做了些什么？产生了哪些不良影响？下面就对这些问题做详细的回答。

在人类历史上，没有什么比贩卖人口更为耻辱的了。但是，在西方资本主义发展史上，公开的奴隶贸易竟然延续了长达400年的历史！这是人类历史上最为黑暗、最为可耻的一页！

奴隶贸易发生在资本主义进行原始资本积累的时候。资本主义的发展使资产阶级需要大批的廉价劳动力和巨额的财富或货币资本。要达到这个目的，资本家除了残酷**压榨**【专家解疑：①压取物体里的汁液。②比喻剥削或搜刮。】、剥削工人外，就是掠夺海外殖民地的大量财产。后来，美洲被发现，英国等殖民主义国家又把美洲作为巨额财富的来源地。大量**土著**【专家解疑：原住民。】居民如印第安人被成批地赶往矿井，当他们被榨干最后一滴血汗时，他们又被成批成批地埋于废弃的矿井之中。就这样，他们在用生命为资本家积累着一枚枚硬币。

土著居民因过重的劳动而过早地结束了一个个生命，这样，资本家的劳动力来源就难以得到保证。因此，资本家把目光转移到了贫瘠且落后的非洲。

把非洲黑奴贩卖到美洲，可以得到几十倍甚至上百倍的利润，所以，不少资本家纷纷把精力投入到贩奴活动中。【名师点拨：资本家为了得到更加丰厚的利润，不惜加入到贩卖奴隶的活动中，由此可见当时社会的黑暗，以及对黑人的残害现状。】1730年，拿4码白布就可以在非洲换取一个黑奴，把这个黑奴运到牙买加，可以卖60~100英镑。18世纪末，一艘贩奴船往返一趟，运300名黑奴就可获利一万九千多英镑。西班牙、荷兰、英国、法国，尤其是最先垄断奴隶贸易的葡萄牙，都在贩奴运动中发了横财，为本国的资本主义发展准备了十分充足的条件。**所以有人说，一个个黑奴的躯体就是一块块砖，无数黑奴的血肉就是无数的钢筋水泥。极度繁荣的欧美城市伦敦、阿姆斯特丹、马德里、纽约等，都是靠这些砖块一层层垒起来，靠这些钢筋水泥一点点浇灌而成的。**【名师点拨：那些资本主义国家为了发展，大量贩卖非洲人民，无数的非洲人民就像是砖头、钢筋、水泥一样使众多的欧美城市繁荣起来，是这些国家发展的牺牲品。】1769年，殖民主义者贴出了一张贩卖黑人的广告，原文是这样的：

1769年7月24日，查尔顿，下月3日，星期四，将拍卖94个年轻、健康的黑奴。其中，成年男子39个，成年女子24人，男孩儿15人，女孩儿16人。这些奴隶是由戴维和约翰·狄亚斯公司刚从塞拉利昂运达的。

这张广告仿佛在展示着当年惨无人道【专家解疑：残酷到了没有一点儿人性的地步，形容凶恶残暴到了极点。】的掠夺者那赤裸裸的凶恶本质。

为了拯救处于痛苦深渊的苦难者，人类依靠自身的想象创造了上帝。在人类的想象中上帝是万能的，他可以拯救或者惩罚行善积德或弃善从恶者。但是，这些奴隶贩子却打着上帝的旗号为非作歹而丝毫不害怕上帝的怪罪！他们把贩奴船命名为"耶稣号""神的礼物号""圣母玛丽亚号"等，一些传教士不但助纣为虐，为奴隶贩子大唱赞美诗，而且还亲自参与奴隶贩卖！

奴隶贩子捕捉黑人的手法也不断变化。最初他们亲自去非洲大陆掠捕，在掠捕过程中，有不少贩子被打死打伤。所以，不久以后，他们就改变策略，自己只端坐一方，让非洲本地的黑人头目去捕捉自己的同胞，这样更加安全、更加有利可图。捕获到奴隶之后，为了防止他们逃跑，奴隶贩子把黑奴一个个用铁链锁起来，甚至用铁丝从黑奴的肩胛骨处穿起来，然后囚禁于牢笼之中，等待运往美洲。

一般的贩奴船从欧洲起航以后，直接从欧洲各地开往非洲西岸距美洲最近的几内亚湾。在这里，用船上的商品换取奴隶。奴隶上船后，每一个奴隶身上都要烙上所属奴隶主的姓名，之后，戴上脚镣手铐再穿上铁丝，就像运送一头猪、一只大象那样把奴隶塞进拥挤不堪、臭气熏天的船舱之中。他们根本不考虑奴隶的生命安全，更不考虑奴隶的健康状况。所以，运送过程中，经常是各种疾病凶猛肆虐，还不时有瘟疫流行。

🔍 好词好句

拥挤不堪
臭气熏天
＊奴隶上船后，每一个奴隶身上都要烙上所属奴隶主的姓名，之后，戴上脚镣手铐再穿上铁丝，就像运送一头猪、一只大象那样把奴隶塞进拥挤不堪、臭气熏天的船舱之中。

　　当然，奴隶主非常关心疾病和瘟疫，他们害怕这样会影响利润。所以，只要发现患病黑奴，尤其是奄奄一息者，他们就会立刻把他们扔入大海之中。尽管如此，奴隶的残废率仍达 30% 甚至 50%。

【**名师点拨**：奴隶主之所以会关心奴隶的身体健康，主要是为了自己的利益考虑，他们会将奄奄一息的黑奴抛到海里，黑奴中拥有很高的残废率，表现了奴隶主唯利是图和残忍的一面。】

　　对于敢于反抗或不听从他们摆布的奴隶，奴隶贩子会施加他们能够采取的任何处罚，轻者以皮鞭抽打，重者被砍头、挖心、断其手足、以绳索活活勒死甚至扔到一望无际的海水之中等。这些手段的残忍、毒辣令人触目惊心。不少奴隶不堪忍受这种非人待遇，一有机会他们就奋然反抗奴隶主，殴打奴隶贩子，或者是逃亡，有些奴隶甚至宁愿跳海自杀！奴隶们在用种种方式与这种残忍的贩奴制度做反抗。

　　在非洲大陆和美洲种植园、矿区中，这种反抗更是频繁。不少时候，奴隶们揭竿而起，共同反对统治者，在人类历史上写下了一页又一页可歌可泣的篇章！

　　从 1700 年到 1845 年，仅在英国和美国贩奴船上就发生了 55 次奴隶起义，而在美洲广大奴隶遭受奴役的殖民地区，这种反抗就更加激烈了。光是美国黑奴就举行过 250 多次起义！奴隶起义中影响最大者，要算

🔍 好词好句

触目惊心
揭竿而起
* 不少时候，奴隶们揭竿而起，共同反对统治者，在人类历史上写下了一页又一页可歌可泣的篇章！

1790—1803 年的海地黑奴起义。这次起义极大地震动了整个世界，敲响了拉美殖民地奴隶反对殖民统治者的**警钟【专家解疑**：报告发生意外或遇到危险的钟，多用于比喻。】。其领导者杜桑虽然受到法国殖民者背信弃义的欺骗，被捕而死，但海地人民仍然坚持斗争，最终于 1804 年建立了独立的海地国。这是世界历史上第一个由奴隶创建的国家，它极大地鼓舞了世界各国人民反抗殖民主义的斗志，具有重要的历史意义。

贩奴运动的起因是资本主义蓬勃发展的需要，同样，贩奴制度的废除也是资本主义迅速发展的必须阶段。**由于奴隶经常反抗、怠工、罢工、逃亡，甚至起义等，奴隶主感觉到光靠压榨奴隶已经不能满足需要。【智慧引路**："哪里有压迫，哪里就有反抗！"这个道理始终不变。这同时也告诉我们，人与人之间的关系如果是剥削，那就注定长久不了，只有公平、尊重才是维系关系的根本。】另外，随着资本主义的发展，资本家需要的是自由劳动力，这种自由劳动力随着大工厂的出现需求量越来越大。所以，这种需求客观上为奴隶自身的解放提供了条件。

于是，19 世纪初，工业资本主义最发达的英国在世界范围内带头掀起了废除奴隶制的运动，从此，废奴运动在世界各地此起彼伏，形成一股不可阻挡的历史潮流。广大被压迫的奴隶迎来了他们的新生。尽管如此，世界范围的贩奴运动并没有**戛然【专家解疑**：①形容嘹亮的鸟鸣声。②形容声音突然中止。】而止，断断续续的贩奴活动又持续了近百年，直到 19 世纪末才基本结束。

实际上，贩奴活动的结束，并不意味着奴隶取得了完全的自由。所谓自由劳动力，是资本家剥削奴隶（工人）的另外一种更为隐蔽、更为堂皇的说法。但是，无论如何，取消了奴隶贸易毕竟是跨过了黑人历史上最为丑恶的一段时期。

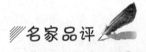
名家品评

　　奴隶贸易在西方资本主义发展历史中发展了很长一段时间，这是极为可耻、最为黑暗的一段时间。那时候的资本生产需要大量的廉价劳动力，于是就将目光转移到了奴隶身上，他们利用奴隶赚取大量财富，对他们进行无穷尽的压榨和剥削，奴隶在被压榨期间也在不断反抗。最终由于社会的发展，奴隶贸易才宣告结束。

阅读思考

1.奴隶贸易是怎样产生的？

2.奴隶主为了控制奴隶，采取了哪些手段？

3.奴隶贸易是在怎样的一种环境中才宣告结束的？

自由海地的诞生

19世纪初，拿破仑横扫了一切欧洲的封建势力，他的威望日渐升高，就在这个时候，他收到了一个令他十分震惊的消息——法国殖民地海地发生了暴动，这场暴动声势迅猛，极有可能将法国殖民者赶走，这究竟是怎么回事呢？拿破仑又是怎样做的呢？结果如何呢？以下将会有令人满意的答案。

19世纪初，拿破仑在欧洲挥舞马鞭，横扫一切封建势力，他的威望日高一日，所到之处，万众欢腾。

正在这个时候，1801年下半年，他得到了一个令他震惊的消息，法国殖民地【**专家解疑**：原指一个国家在国外侵占并大批移民居住的地区。在资本主义时期，指被资本主义国家剥夺了政治、经济的独立权力，并受它管辖的地区或国家。】海地发生了暴动，来势凶猛，大有赶走法国殖民者的声势。

这是怎么回事呢？事情还得从头说起。

海地位于中美洲大西洋西部的圣多明各岛（又叫海地岛）的西半部，原先被强大的西班牙殖民者占领，后来法国打败西班牙，占领了海地。海地人大多是非洲黑奴的后代，世代忍受着殖民者的残酷压迫与剥削。早在1790年，海地的黑白混血种人和自由黑人就发动了武装起义，试图用暴力手段争取与白人完全平等的公民权，但是由于起义准备不足，也没有提出反映广大黑奴要求的革命口号，所以没有得到广大奴隶的支持，在法国殖民者的血腥镇压下，起义失败了。

但这并未阻止海地人民争取自由独立的决心，一年后，1791 年 8 月，混血种人和黑人再次发动武装暴动。【智慧引路：虽然上一次的起义最终以失败而告终，但海地人民并没有放弃希望。这就告诉我们有些事情虽然很难，但只要坚持就一定会成功。】他们高喊"宁愿死也比当奴隶好"的口号，猛烈地向殖民统治者和白人奴隶主发动进攻。起义军放火焚烧了咖啡园和甘蔗种植园，烧毁了殖民者的豪华别墅和其他建筑物，杀掉了残酷压榨奴隶的法国殖民官吏和白人奴隶主。起义军受到广大黑人奴隶的拥护，队伍迅速壮大，声势越来越高。起义刚开始两个月，烽火便燃遍了全国各地，有 200 多个咖啡园、甘蔗园被毁坏，有 2000 多名法国殖民者被打死，法国人胆战心惊。【智慧引路：由于法国殖民官吏和白人奴隶主残酷地压榨奴隶，无法忍受的奴隶就开始反抗，他们的反抗声势令很多法国人都感到心惊。从这里我们就可以知道"哪里有压迫，哪里就有反抗"是一个永恒不变的真理。】

在这次起义中，涌现出不少起义英雄，如杜桑·卢维杜尔、克里斯托夫、德萨利纳等。其中，杜桑更是一位杰出的海地黑人领袖。他原是奴隶出身的种植场的马车夫，与一般奴隶一样，他从小就受到法国殖民者和奴隶主的欺凌。杜桑对于这一切早已暗下决心，誓把法国殖民者和奴隶主杀掉，争取黑人的自由。所以后来他刻苦学习了法文，还经常阅读卢梭、孟德斯鸠等思想家的著作，接受了新的思想。

参加起义以后，杜桑以严明的纪律统率部队，所到之处敌人皆望风而逃【专家解疑：老远看见对方的气势很盛就逃跑了。】。他率领的部队发展壮大，很快就成为起义军的主力，他本人也成了海地奴隶起义的主要领导人。

1793年，法国因国内混乱，只派出了6000人的军队去镇压起义，被起义军彻底摧毁。西班牙、英国看到有机可乘，又先后派兵入侵海地，去镇压方兴未艾的起义烽火。但杜桑领导起义军英勇奋战，终于相继赶走了英国、西班牙侵略军，把他们赶入大海，英、西军队狼狈逃窜。同时，杜桑又平定了黑白混血种人上层集团的叛乱活动，最终统一了整个海地岛，并建立了革命政权。

1801年6月，海地召开了制宪会议，制定了宪法。宪法明确规定废除奴隶制度，所有海地人不分人种、肤色，一律平等，都享受自由的公民权，私有财产神圣不可侵犯，贸易自由。海地宣布独立。在这次会议上，杜桑被选为终身总统。拿破仑就是在这种情况下得到消息的。他立刻召见他的妹夫黎克勒，命令他远征海地。

1801年12月，黎克勒率领54艘战舰、3万多名士兵，开始了企图恢复法国殖民统治的远征。

杜桑领导起义军坚决保卫海地自由。他对战士们说："我们已经取得了自由，我们黑奴世代受欺凌的时代已经一去不复返了！现在，法国人又回来了，他们企图从我们手中夺去我们的自由，我们宁可战死也决不能答应他们！让我们共同奋斗吧！我们要让法军饿死、渴死、累死，让海地变成这些强盗的活地狱！努力吧，自由属于我们！"

🔍 好词好句

方兴未艾

＊宪法明确规定废除奴隶制度，所有海地人不分人种、肤色，一律平等，都享受自由的公民权，私有财产神圣不可侵犯，贸易自由。

【**名师点拨**：为了自由和平等，为了避免去过那种被欺凌的日子，杜桑领导起义军誓死保卫自己获得的权益，表现了他们抗争到底的决心。】

当3万法军来到海地的时候，起义军就在他们要登陆的地方点起火烧毁了那里的一切，法军所到之处一片灰烬，只有满地尘土、满眼浓烟，似乎在怒视着这些远道而来的**不速之客**【**专家解疑**：指没有邀请而自己来的客人（速：邀请）。】。

法军找不到吃的，饥饿难耐。他们甚至找不到喝的，因为水中已被起义军下了毒药。法军的战斗力大大削减，黎克勒大伤脑筋。此外，起义军利用有利地形，四处出击，法军不时有人阵亡，狼狈不堪，到处挨打。

一个作战部队无吃无喝、人困马乏，又不熟悉地形，如何能作战！不要说提高战斗力，就连最起码的作战能力都不具备。这样下去，如何向拿破仑交代？黎克勒绞尽脑汁。

不久，一个大胆而有效的计划出来了。黎克勒满心欢喜，他立即召集部下，把这个计划告诉他们，法军将士听了以后，也都非常高兴，他们的任务终于可以完成了。

黎克勒写了一封言辞**恳切**【**专家解疑**：诚恳而殷切。】的信给杜桑，信中说："法国和海地虽然相距遥远，但我们世世代代都很友好，以后还要继续友好下去。目前，我们之间存在一些**分歧**【**专家解疑**：①（思想、意见、记载等）不一致有差别。②思想、意见、记载等不一致的地方。】，这是误会，我们应该把误会消除。所以，我建议，我们坐到一起进行谈判，有什么话、什么问题，我们都可以商量。我相信，我们会消除误会的。请来我们这里吧，我的朋友，我们真诚地邀请您。您到来之后就会发现，没有谁是比我更诚实的朋友了。至于您的安全，我们绝对保证，将不会有任何人对您施以非礼。"

这封信确实够"真诚"的了。杜桑相信了黎克勒，一个人单枪匹马来到法军驻地。

这时候，黎克勒听说杜桑来了，为自己设计的骗局成功而非常高兴。

"报告将军，杜桑到了。"一个士兵报告黎克勒。"逮捕他！"黎克勒简捷有力地下达了命令。

杜桑被戴上了镣铐。当他知道自己上当受骗时，怒气冲天，对黎克勒进行了严厉的斥责：

"你们背信弃义、卑鄙无耻！你们是强盗，一伙强盗！你们杀死我，只不过是在海地砍倒了一棵自由之树。你们砍倒了这棵，将有成千上万棵生长起来，你们是砍不完的，等着瞧吧，你们这伙强盗，都将一个个滚出海地去！" 【智慧引铃】：杀掉杜桑只是砍掉了一棵自由之树，但还会有成千上万棵自由之树成长起来，一旦拥有这样的信念，侵略者终将会被驱赶出去。所以，同学们要知道信念是无论如何也不能消失的，拥有信念就拥有了战胜邪恶的力量。】

黎克勒和他的部下听了杜桑的叱骂，竟一齐哈哈大笑起来："哈哈哈……"

1802年5月，黎克勒逮捕了杜桑，随即把他押送到法国，交给了拿破仑。拿破仑下令将他送进监狱。1803年4月，这位杰出的黑人领袖死在法国监狱中。

杜桑之死使海地人民更加清醒地认清了殖民主义者丑恶、凶残、卑鄙无耻的本质，也更激起了海地人民对殖民统治者的仇恨。

【名师点拨：法国的背信弃义以及杜桑的去世，都激起了海地人民的仇恨之心，充分表现出杜桑在人们心中的地位，以及人们对自由的向往。】他们决心继续完成杜桑未竟的事业，为争取海地人民的独立、自由、幸福而勇敢地战斗！

不久，海地的革命烈火又熊熊燃烧起来，革命者在克里斯托夫和德萨利纳的领导下，继续抗击法国殖民者。

在海地人民的英勇反抗下，法军行动艰难，再加上海地蔓延起黄热病，侵略军损失惨重，伤亡近三万人。1802年11月，黎克勒也死于黄热病，法国侵略军陷于绝境。1803年10月，法军终于投降。法国远征舰队载着仅余的8000老弱残兵返回法国。回国途中，所有人员又被英国海军俘虏【专家解疑：①打仗时捉住（敌人）。②打仗时捉住的敌人。】。于是，黎克勒率领的庞大的远征军最终全军覆没。

1801年1月1日，从海地正式宣布独立起，恢复了印第安人的传统名称——"海地"，其意为"多山的地方"。

海地革命是拉美国家第一次取得胜利的黑人革命，揭开了整个拉丁美洲黑人革命的序幕，为拉美人民推翻殖民统治、建立自由国家树立了光辉的榜样。

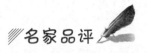

名家品评

　　起义军在杜桑的领导下不断与奴隶主进行抗争，但杜桑由于轻信黎克勒而单枪匹马进入法军驻地，命丧敌人之手。杜桑的死亡使海地人民更加清醒地认清了殖民主义者丑恶、凶残、卑鄙无耻的本质，他们不仅没有放弃抵抗，反而激起了更强的抗争意志，最终推翻了殖民统治，建立了一个自由国家。

阅读思考 ···

　　1. 拿破仑收到了一个怎样的消息？

　　2. 杜桑是怎么死的？

　　3. 黎克勒领导的军队最终怎样了？他又是怎么死的？

平民总统——林肯

一排排黑人奴隶戴着脚镣手铐站在新奥尔良的奴隶拍卖市场上，不时有人过来像买骡马一样仔细打量着他们，他们甚至可以用皮鞭、烙铁对待他们。看到这种情形的林肯感到十分气愤，他做了些什么呢？最终他成功了吗？仔细阅读下面的内容，你将会找到满意的答案。

　　1831年6月的一天，美国南方城市新奥尔良的奴隶拍卖市场上，一排排黑人奴隶戴着脚镣手铐站在那里，他们都被一根根粗壮的绳子串在一起。奴隶主们一个跟着一个走了过来，像买骡子买马一样仔细打量他们，有时还走上前摸摸他们的胳膊，拍拍他们的大腿，看他们是不是长得结实，肌肉发达，将来干活有没有力气。奴隶主们用皮鞭毒打黑奴，还用烧红的铁条烙他们。这时，几位北方来的水手走了过来，他们都被眼前的悲惨景象惊呆了，其中一个年轻人愤怒地说："太可耻了！等哪一天我有了机会，一定要把这奴隶制度彻底推翻。"

　　说话的人名叫亚伯拉罕·林肯，后来他当上了美国总统，真的实现了这个伟大的抱负。

　　1809年2月12日，林肯出生在一个农民家庭。小时候，家里很穷，他没机会上学，每天跟着父亲在西部荒原上开垦劳作。他自己说："我一生中进学校的时间，加在一起总共不到一年。"但林肯勤奋好学，一有机会就向别人请教，没钱买纸笔，他就在土沙地上和木板上写写画画，练习写字。他放牛、砍柴、挖地时怀里也总揣着一本书，休息的时候，一边啃着粗硬冰凉的玉米饼子，一边津津【专家解疑：①形容有滋味；有趣味。②形容汗、水流出的样子。】有味地看书。晚上，他常在小油灯下读书读到深夜。

长大后，林肯离开家乡独自一人外出谋生，他什么活儿都干，打过短工，当过水手、店员、乡村邮递员、土地测量员，还干过伐木、劈木头的力气活儿。不管干什么，他都非常认真负责，诚恳待人。他当乡村店员时，有一次，一个顾客多付了几分钱，他为了退还这几分钱竟追赶十几里路。还有一次，他发现少给了顾客二两茶叶，跑了几里路把茶叶送到那人家中。所以，他每到一处，都受到周围人的喜爱。

林肯无论干什么都始终没忘记学习，他抓紧一切空闲时间刻苦自学，攻读历史、文学、哲学、法学等著作，获得了丰富的知识。【智慧引路：林肯抓紧一切空闲时间来学习自己想要得到的知识，这就告诉我们要想获得成功，首先就要学会积累。】这时期，他对政治产生了很大的兴趣并积极从事政治活动。1834年，25岁的林肯当选为伊利诺伊州议员，开始了他的政治生涯。1836年，他又通过考试当上了律师。林肯青年时期就痛恨奴隶制度。因为他当水手时，多次运货到南方，目睹了奴隶主的野蛮残暴和黑奴遭到的残酷折磨。【名师点拨：也正是因为林肯年轻时候的这些经历，他才认识到这个世界必须改变，基于这样的坚定信念，才开始了他之后的奋斗生涯。】他当了议员之后，经常发表演讲，抨击蓄奴制，在群众中很有影响。1854年美国的共和党成立，因为这个党主张废除奴隶制，林肯就参加了，两年后他在第一次全国代表大会上被提名为副总统候选人。他在竞选演说中说："我们为争取自由和废除奴隶制度而斗争，直到我国的宪法保证言论自由，直到整个辽阔的国土在阳光和雨露下劳动的都是自由的工人。"

1858年，林肯在参加伊利诺伊州参议员竞选时，发表了一篇题为《裂开了的房子》的演说，他把南北两种制度并存的局面比喻为"一幢裂开了的房子。"他说："**一幢裂开了的房子是站不住的，我相信这个政府不能永远保持半奴隶、半自由的状态**。"林肯的演说语言生动、深入浅出，表达了北方资产阶级的要求，也反映了全国人民群众的愿望，因而为他赢得了很大的声誉。

1860年，林肯当选为美国总统。

林肯的当选，对南方种植园主的利益构成严重威胁，他们当然不愿意一个主张废除奴隶制的人当总统。为了重新夺回他们长期控制的国家领导权，他们在林肯就职之前就发动了叛乱。1860年12月，南方的南卡罗来纳州首先宣布脱离联邦而独立，接着密西西比、佛罗里达等蓄奴州也相继脱离联邦。1861年2月，它们宣布成立一个"美利坚邦联"，推举大种植园主杰弗逊·戴维斯为总统，还制定了"宪法"，宣布黑人奴隶制是南方联盟的立国基础："黑人不能和白人平等，黑人奴隶劳动是自然的、正常的状态。"

1861年4月12日，南方联盟不宣而战，迅速攻占了联邦政府军

🔖 哲理名言

一幢裂开了的房子是站不住的，我相信这个政府不能永远保持半奴隶、半自由的状态。

驻守的萨姆特要塞。林肯不得不宣布对南方作战。**林肯本人并不主张用过激的方式废除奴隶制，他认为可以用和平的方式，先限制奴隶制，然后逐步加以废除，关键是维护联邦的统一。**【**名师点拨**：在废除奴隶制方面有很多人并不赞同，于是就相继脱离了联邦。林肯本人认为可以用和平的方式，先限制奴隶制，然后逐步加以废除，表现出林肯的执政观点。】在这种思想的支配下，北方政府根本没有进行战争的准备，只是仓促应战。而南方则是蓄谋已久，有优良的装备和训练有素的军队。所以，尽管北方在多方面都占有优势，还是被南方打得节节败退，连首都华盛顿也险些被叛军攻破。

北方在战场上的失利引起了广大人民的强烈不满，许多城市爆发了示威游行，要求政府采取措施扭转战局。这时林肯才意识到，要想打赢这场战争，就必须调动农民的积极性，废除农奴制、解放黑奴。

1862 年 5 月，林肯签署了《土地法》，规定每个美国公民只交纳 10 美元登记费便能在西部获得

160英亩土地，连续耕种5年之后就能成为这块土地的合法主人。这一措施从根本上消除了南方奴隶主夺取西部土地的可能性，同时也满足了广大农民的迫切要求，大大激发了农民奋勇【专家解疑：鼓起勇气。】参战的积极性。1862年9月，林肯又亲自起草了《解放黑人奴隶宣言》草案。1863年1月1日正式颁布了《解放黑人奴隶宣言》，宣布即日起废除叛乱各州的奴隶制，解放的黑奴可以应召参加联邦军队。宣布黑奴获得自由，从根本上瓦解【专家解疑：①像瓦器碎裂一样崩溃或分裂。②使对方的力量崩溃或分裂。】了叛军的战斗力，也使北军得到雄厚的兵源。**内战期间，直接参战的黑人达到18.6万人，他们作战非常勇敢，平均每三个黑人中就有一人为解放事业献出了生命。**

【名师点拨：为了获得自己应有的自由与尊严，黑人们英勇作战，即使牺牲自己也在所不惜，不仅描写了黑人在战场上的无畏，同时也突出了战况的惨烈。】

这两个法令的颁布是南北战争的转折点，战场上的形势变得对北方越来越有利了。

1863年7月1日到3日，双方在华盛顿以北的葛底斯堡展开了内战以来规模最大的一次战斗。双方激战了三天三夜，北军重创南军，使南军损失了3.6万人。从此，北军开始进入反攻阶段，而南军只能防守了。

这年的7月4日，北军又在维克斯堡大获全胜。维克斯堡位于密西西比河上，是一个高出水面200英尺的悬崖，据守悬崖的叛军居高临下【专家解疑：处在高处，俯视下面。形容处于有利的地位或傲视他人。】，可以用炮火直接威胁河上来往的船只，如果从下面攻打这个要塞非常困难。早在1862年末，格兰特就率军在海军的协助下几次攻打这个要塞，但都没成功。1863 年 4 月，格兰特实行了新的进攻计划，先摧毁了要塞周围的各个据点，然后包围了维克斯堡。海军也来助战，从陆地和水上同时进攻，猛烈炮击要塞，震耳欲聋的炮声一直响了 47 天之久。7 月 4 日，困守要塞的叛军弹尽粮绝，被迫投降，北军这一次俘虏叛军 2.9 万人。

紧接着，北方军队以秋风扫落叶之势，迅猛追击叛军，1863 年 4 月 3 日攻占了叛军首都里士满。4 月 9 日，叛军总司令罗伯特·李率残部 2.8 万人在阿波马托克斯小村向格兰特投降。历时四年的南北战争以北方的胜利而告终。

南北战争被称为继独立战争之后的美国第二次革命。林肯成为黑人解放的象征。但奴隶主却对他万分仇恨。1865 年 4 月 14 日晚上，林肯在华盛顿的福特剧院里看戏时，被南方奴隶主收买的一个暴徒刺杀。**林肯的不幸逝世引起了国内外的巨大震动，美国人民深切哀悼他，有 700 多万人伫立在道路两旁向出殡的行列致哀，有 150 万人瞻仰了林肯的遗容。**【名师点拨：由于林肯为美国人民做出了非常大的贡献，所以他的离世让很多人悲恸欲绝，真实反映出他在人们心中的地位。】林肯是一位杰出的政治家，为推动美国社会向前发展做出了巨大贡献，受到美国人民的崇敬，在美国人的心目中，他的威望甚至超过了华盛顿。

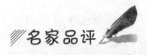

名家品评

　　在奴隶拍卖市场上看到黑人奴隶的惨状之后，林肯感到很生气，他发誓要改变这种状况。在他的不懈努力之下，他当选为当时的国家总统。但是由于林肯要改变奴隶制度，很多人的利益因此受到威胁，最终爆发了南北战争，这场战争被称为继独立战争之后的美国的第二次革命，林肯也成了黑人解放的象征。

阅读思考 ··

1. 奴隶交易市场上是一幅怎样的场景？

2. 南北战争是怎样爆发的？

3. 林肯是怎样去世的？他都做出了哪些贡献？

震惊世界的"萨拉热窝枪声"

1914年6月28日是一个阳光灿烂的星期天，这一天在人类历史上是不平凡的日子。因为就是这一天，波斯尼亚的首府萨拉热窝大街上的两声枪响引发了第一次世界大战。那么，这究竟是怎么一回事呢？为什么会发生这样的事情呢？想要知道答案吗？那就接着往下读吧！

1914年6月28日，是人类历史上不平凡的一天。就在这个阳光灿烂的夏日的星期天，波斯尼亚的首府萨拉热窝的大街上，发出了两声震惊世界的枪声。这两声枪响成为第一次世界大战的导火索。

这天早上9点刚过，一列豪华的专车驶进萨拉热窝车站。一会儿，从车厢走出显赫的奥匈帝国王储弗兰茨·斐迪南大公和他的妻子索菲女公爵。只见斐迪南大公傲慢地环视了一下四周的人群，**趾高气扬**【专家解疑：高高举步，神气十足，形容骄傲自满，得意忘形。】地走过戒备森严的车站，扬扬得意地偕妻子坐进了一辆敞篷汽车内。随即，六辆敞篷车缓缓地驶离火车站，向萨拉热窝市政厅"爬"去。

这位斐迪南大公是在刚结束的一次军事学习后来这里巡视的。当时，奥地利与匈牙利已合并为奥匈帝国，六年前，他们用武力吞并了波斯尼亚。这个贪得无厌的斐迪南大公是一个极端的军国主义分子，他对邻近波斯尼亚的塞尔维亚垂涎【**专家解疑**：因想吃而流口水，比喻看见别人的好东西想得到。】已久，梦想着有朝一日，也把这块富饶的土地列入自己的版图。在来萨拉热窝之前，他亲自指挥了一次军事演习，假设的进攻对象就是他今天来到的萨拉热窝。

这种明目张胆的侵略行径早已激起了塞尔维亚人民的极大愤恨。以加夫里洛·普林齐普为首的一个爱国军人团体组成了一个七人暗杀小组，早已埋伏在车站到市政厅的街道两旁，瞪着愤怒的眼睛，注视着这个凶恶的敌人。

而这时，坐在第二辆敞篷车里的斐迪南大公夫妇还得意扬扬地同旁边的波斯尼亚总督谈论着这座美丽的城市。

街上的人越来越多，塞尔维亚人民怒视着这个凶神，但人们心里却显得极为平静，因为他们相信，任何梦想征服塞尔维亚的敌人，最终都将以失败告终。【**智慧引路**：街上聚集的塞尔维亚人越来越多，人们虽然对他怒目而视，但心中却始终相信任何梦想征服塞尔维亚的敌人都将会失败。所以我们在做事情的时候，要有足够的信心，只有这样才会成功。】

斐迪南为了长期占领这块土地，想通过此行从表面上给塞尔维亚人民一点儿好感。因此，他不想在这座城市炫耀他的军事力量，只带了少数的卫兵进行防卫，连本城提供的宪兵和警察也不在意，安全措施极为马虎。这个不可一世的王储似乎过低估计了塞尔维亚人民的怒火。

这种情况对普林齐普他们来说倒是一个绝好的机会。尽管如此，他们仍然做好了一切准备。这七名爱国青年，个个扎束停当。身藏手枪和炸弹，不动声色，分头行动，以做多次刺杀的准备。

当车队驶到市中心的一座桥梁上的时候，埋伏在这里的是一个高个子青年。他今年刚过 20，愤怒的烈火已把这个年轻的面容给烧红了，紧握炸弹的右手已浸出了汗水，握紧的左手也在暗暗地用劲，眼前一片空白，直视着第二辆敞篷汽车里的斐迪南大公，脚步慢慢地向前移动。

"喂，干什么的？"一个全副武装的警察吆喝着向他走来。高个子青年一愣，赶忙向警察微笑一下。

"向后退！"那警察并不在意，只顾尽自己的本分。就在这一愣神之间，车队已驶过桥面。

看着渐渐远去的车队，高个子青年无限遗憾地叹了一声，转身消失在人群里。【名师点拨：这种遗憾不仅是一种不能杀死斐迪南大公的遗憾，同时也是一种对自己民族拯救无望的遗憾。】

车队靠近了阿佩尔码头，眼见快要过去时，埋伏在这里的是一名叫察布里诺维茨的青年，他怒不可遏【专家解疑：愤怒得不能抑制，形容愤怒到了极点。】地冲出人群，奋力向车队扔去一枚炸弹。

司机见势不妙，立刻加快车速。炸弹落在车篷上又弹到地上，落在第三辆汽车前面，轰的一声炸裂了那辆汽车的前轮轮胎，炸弹的碎

🔍 好词好句

不动声色

* 他今年刚过 20，愤怒的烈火已把这个年轻的面容给烧红了，紧握炸弹的右手已浸出了汗水，握紧的左手也在暗暗地用劲，眼前一片空白，直视着第二辆敞篷汽车里的斐迪南大公，脚步慢慢地向前移动。

片击伤了总督和大公的几个副手。

这声爆炸，不仅使在场的人群惊吓出声，就连斐迪南大公也着实吓了一大跳，他虽未受伤，可脸上最初的那股得意神情一扫而光。索菲夫人更是面色蜡黄，惊恐不已。【名师点拨：任何人在面对爆炸的时候都不可能做到面不改色，更何况是这些趾高气扬的人，他们享受着常人难以享受的荣华，却也更惧怕死亡。】

察布里诺维茨见刺杀没有成功，仰天长叹一声，立即吞下一小瓶毒药，随即纵身跳进河里。

坐在第一辆车里的萨拉热窝市长和警察专员一齐叫道："快捉住他！"

几名警察应声也跳下河去。几分钟后，便把奄奄一息的察布里诺维茨从河中打捞出来。只见他忍着剧烈的疼痛，一言不发，充满怒火的眼光扫了一下惊恐不已的斐迪南。斐迪南心中一惊，但他仍故作镇静地说："这家伙有精神病！不必管他，我们继续前进！"说完，车队又向前走去。【名师点拨：奄奄一息的察布里诺维茨怒视着斐迪南，斐迪南虽然心中害怕，但仍然故作镇静，表现出斐迪南的外强中干和当地人民对他的仇视。】受惊的车队颠簸着驶到了市政厅，坐在第一辆汽车里的市长赶快下车，疾步登上台阶，颤抖的手从口袋里掏出早已准备好的欢迎辞。正准备宣读的时候，怒气冲冲的斐迪南从车中跳下，上前抓住他的胳膊，嘶声叫道：

"市长先生，我到这里进行和平访问，难道你就用炸弹来接待我吗？"【名师点拨：由于之前受到惊吓，斐迪南感到很生气，他的这句话不仅表现出他的怒气，同时也表现出他的态度倨傲。】

市长浑身发抖，不知所措。这时，索菲夫人赶快上前相劝，斐迪南自知失态，赶快放开市长的手臂，怒气十足地说道：

"好吧！请读你的欢迎辞吧！"

市长这才舒了口气，抖了抖欢迎辞，结结巴巴地念了下去。

欢迎仪式结束后，斐迪南怒气未消，铁青着脸问波斯尼亚总督道：

"总督先生，你认为我们可以继续访问国家博物馆吗？""殿下，"总督慌忙答道，"完全可以！我保证再不会有类似的事情发生，请殿下放心！"

"好吧！"斐迪南沉思【**专家解疑**：深思。】一会儿，说道，"去博物馆之前，我们先改道去医院探望一下受伤的人。"

总督正要阻拦，见斐迪南满脸怒气，只好硬着头皮答道："是，殿下！"

车队重新上路，驶向前去。

这一次，警察专员又重新布置了一下，并且为了安全起见，执意安排侍从官员站在汽车的踏板上，手按刀柄，保护斐迪南夫妇。

车队行驶到拉丁桥时，普林齐普早已做好准备。这位年仅19岁的塞尔维亚青年显得异常的冷静，他把怒火压在胸中，脑中只有一个念头，杀死罪恶的斐迪南大公。

斐迪南的专车越来越近，普林齐普在人群中慢慢向前面靠近，当车离他不到两米时，他一个箭步冲上前去，不等侍从官缓过神来，手枪对准斐迪南夫妇就扣动扳机。

冷静

* 这位年仅19岁的塞尔维亚青年显得异常的冷静，他把怒火压在胸中，脑中只有一个念头，杀死罪恶的斐迪南大公。

"砰！""砰！"两声枪响，第一颗子弹射进斐迪南的脖子，第二颗洞穿索菲的腹部。两人还未明白过来，呆滞的目光还在凝视前方，口中就吐出一股股鲜血。

侍从官这时已明白怎么回事儿，举刀要向普林齐普砍时，总督赶快叫道："抓活的！"

普林齐普不待他们动手，立即将枪对准自己的头部，还未开枪，就被警察逮住，双方挣扎之中，普林齐普又服下一小瓶毒药，他开始产生剧烈地痉挛，但并未当场死去。

可斐迪南大公夫妇到8点多钟便双双命归黄泉。**斐迪南夫妇的被刺，使本来就充满火药味的巴尔干"火药桶"一下爆炸了。**【名师点拨：这里运用了比喻的修辞手法，将"巴尔干"紧张的关系比作是火药桶，将这次事件比作导火索，给人一种紧张并且身临其境的感觉。】早想吞并塞尔维亚的奥匈帝国找到了一个千载难逢的借口，在大臣们纷纷煽动之下，82岁的奥匈皇帝终于召见陆军总参谋长，经过一番争议后便向塞尔维亚宣战。

7月23日下午6时，奥匈帝国使节向塞尔维亚政府递交**最后通牒**【专家解疑：一国对另一国提出的必须接受其要求，否则将使用武力或采取其他强制措施的外交文书，这种文书限在一定时期内答复。也叫哀的美敦书。】，提出十分苛刻的条件，然后就以对方拒绝为由，于28日夜晚，炮击塞尔维亚首都贝尔格莱德，一下子炸死了5000多居民。

紧接着，德、俄宣战，法、英对德宣战，奥匈帝国向俄宣战，就这样，在短短几天内，欧洲各帝国主义大国都卷入了战争，第一次世界大战终于爆发。

在第一次世界大战中，塞尔维亚人民以普林齐普为榜样，勇敢地拿起武器，为捍卫自己的民族尊严，保卫自己的国土，进行了不屈不挠的斗争。

大战结束后，塞尔维亚和其他南斯拉夫地区取得独立，成立了南斯拉夫王国。为了纪念在萨拉热窝暗杀事件中殉难的**烈士**【**专家解疑**：①为正义事业而牺牲的人。②〈书〉有志于建立功业的人。】，人们在1920年把普林齐普和他同伴的遗骸迁葬至萨拉热窝的荣誉基地，拉丁桥被命名为普林齐普桥。连当年他枪击斐迪南时在路面上留下的脚印，也在一块水泥地上复制出来，作为永久的纪念。

由于塞尔维亚人民不满奥匈帝国的觊觎而成立了一个暗杀组织，最终成功射杀了斐迪南大公夫妇，该事件成了奥匈帝国攻打塞尔维亚的一个借口，并对塞尔维亚首都贝尔格莱德进行了攻打。短短几天，欧洲各帝国主义大国纷纷卷入了战争，第一次世界大战爆发。第一次世界大战结束之后塞尔维亚和其他南斯拉夫地区终于获得独立，并成立了南斯拉夫王国。

阅读思考

1.塞尔维亚人民为什么成立暗杀组织？

2.暗杀斐迪南大公夫妇顺利吗？过程是怎样的？

3.塞尔维亚人民在第一次世界大战中是怎样做的？最终的结果是怎样的？

巴黎和会

第一次世界大战之后，各国之间要签订停战条约，战胜国要"分享"战争果实，于是就产生了著名的巴黎和会。停战条约上的内容十分苛刻，其中有很多条件德国根本没有办法承担。那么，条约上都有些什么内容呢？胜利的果实要如何"分享"？中国在其中又是怎样的一个地位？下面就会有详细的解答。

1918 年 11 月 11 日凌晨 5 时，巴黎东北贡比涅森林的雷通车站。德国以外交大臣为首的代表团走上联军总司令、法国元帅福煦乘坐的火车，签订了第一次世界大战停战条约。停战条约是十分**苛刻**【**专家解疑**：（条件、要求等）过高，过于严厉；刻薄。】的，它包括：

14 天内德军撤出在这次战争中占领的法国、比利时、卢森堡的领土，还有在普法战争中所占领的阿尔萨斯、洛林地区；

一个月内将莱茵河以西的德国领土，以及莱茵河以东 30 公里的德国领土交给联军；

交出巡洋舰、战列舰、驱逐舰、潜水艇 234 艘，空军全部飞机，500 门大炮和大量枪支弹药；【**名师点拨**：这些数字充分表现出这份条约的苛刻之处，同时也表现出战败之后德国的无奈。这份严苛的战败条约也为后面的历史发展奠定了基础。】

德国交出 316.8 亿美元的战争赔款（德国拿不出这么多，后一再削减，成为 7.14 亿美元）；

德国要交出性能完好的火车头 5000 个，车厢 15 万个，卡车 5000 辆……

战争结束了，如何"分享"这些胜利果实呢？

1919 年 1 月 18 日，在法国巴黎的凡尔赛宫召开了分赃的丑剧——巴黎和会。

参加巴黎和会的各国代表有一千多人，其中全权代表有 70 人，后改为"四人会议"，即美国总统威尔逊、英国首相劳合·乔治、法国总理克列孟梭和意大利首相奥兰多。【**名师点拨**：这样的会议制度本身就存在问题，事实本身也是这样，最终证明这场和会是一场分赃大会。】后因意大利在大战中作用不大，本国底子又薄，被英法冷落一边。所以实际上又变为"三人会议"，他们是巴黎和会的三巨头，也是主宰者。

为了索取战败国的赔款，英国首相劳合·乔治和法国总理克列孟梭吵得**不可开交**【**专家解疑**：形容无法摆脱或结束（只做"得"后面的补语）。】。

"你们法国拿 50%，我们英国得 30%，怎么样？""不行，绝对不行！这次大战，法国损失最大，我们应该得 58%。"

"太过分了，我们不同意。"

"那我们也不同意。"已经 78 岁的克列孟梭，虽已满头白发，但仍像只野兽般凶猛，真不愧他的"老虎总理"的外号。而劳合·乔治也百般纠缠，一点儿都不牺牲自己的利益。【**名师点拨**：战争本来是一件令人悲伤的事情，无论是战胜国还是战败国，一旦参与战争，就不存在胜利了，现在这种为了利益而争论不休的场景真是令人不胜感慨。】

美国总统威尔逊只好在英法之间周旋，忙着打圆场："我们美国一分钱都不要。你们两国都牺牲些，让别的国家也得点儿好处，法国得 56%，英国得 28%，这样可以吗？"

克列孟梭厉声喊着："可以。但法德边界得以莱茵河为界：除阿尔萨斯、洛林归还法国外，德国的萨尔区也归我们！"如果法国得到萨尔区，就意味着它控制了欧洲最重要的军事工业区，将来可以在欧洲大陆称王称霸。对这点，英国和美国当然不同意。他们从 1 月吵到 4 月，谁也不肯让步，威尔逊和克列孟梭都以退出和会来**要挟**

【**专家解疑**：利用对方的弱点，强迫对方答应自己的要求。】对方。

三个人经过无数次的争执和讨价还价后，终于有了结果：英国得到了国际联盟所规定的委任统治制度下拥有 1000 万人口的领土，法国得到 750 万人口的地区，日本也得到了德国在太平洋上的属地，而美国的"门户开放"原则也得以通过，美国的商品与资本可以进入这些地区，实行机会均沾，大家都有好处分享。

除分赃外，巴黎和会还有别的议程。主要是：

密谋扼杀新生的苏维埃俄国，决定对苏俄实行经济封锁；筹组国际联盟来反对列宁创建的共产国际；国际联盟指挥各国反动派向革命人民进行血腥镇压，同时重新瓜分德国原有的殖民地。

6 月 28 日是巴黎和会的最后一天，也是全体战胜国在和约上签字的一天。但作为战胜国的中国代表没有出席会议，拒绝签字。

【名师点拨：那时候的中国早已是积贫积弱，被帝国瓜分得支离破碎了，为什么要拒绝签字呢？接着往下阅读，答案就在其中。】

原因何在呢？

原来，巴黎和约里有三条是关于中国的。即战前德国侵占的山东胶州湾的领土以及那里的铁路、矿产、海底电缆等，统统归日本所有。

本来，当时中国加入了协约国，对同盟国作战，曾经支援协约国大量粮食，还派出 17.5 万名劳工，牺牲了两千多人。作为战胜国的中国，索回德国强占的山东半岛的主权，这是顺理成章的事。但英美法却做主要送给日本。而卖国求荣的中国的北洋军阀政府准备签字，承认这个丧权辱国的条约。

中国人民忍无可忍，终于爆发了轰轰烈烈的五四运动。【智慧引路：作为战胜国的中国，不仅没有分到一丝利益，反而继续面临着被瓜分的命运，这对任何一位国民来说都是无法忍受的。这同时也告诉我们，只有强大，才

有尊严。】

在全国人民的支援和影响下，中国代表团向和会提出两项提案：取消帝国主义在中国的特权；取消日本强迫中国承认的《二十一条》，收回山东的权益。

但提案被否决了，而卖国的北洋军阀却命令中国代表团在和约上签字。6月27日清晨，在巴黎的华工和中国留学生举行了**声势**【专家解疑：声威和气势。】浩大的抗议活动。6月28日，三万多华人齐集在中国代表团的住所外面。

"不能签字！"三万多人发出了共同的呼声。

"谁签字，就打死谁！"15名敢死军的青年准备以自己的鲜血和头颅去捍卫中国的尊严和权利。

中国代表团终于发表了一项声明："山东问题不解决，我们决不在和约上签字！"

所谓的巴黎和会并没有解决帝国主义之间争夺殖民地的矛盾，对战败国德国的苛刻的**勒索**【专家解疑：用威胁手段向别人要（财物）。】，也为德国法西斯埋下了复仇的种子，法国元帅福煦事后说："这不是和平，这是20年休战。"历史无情地嘲笑着巴黎和会。1939年9月，希特勒再次在欧洲掀起大战，距巴黎和会正好是20年零2个月！世界人民再次陷入灾难和痛苦中。

名家品评

第一次世界大战结束之后，不仅要签署苛刻的停战条约，胜利的国家之间还要分享战争果实。在整个巴黎和会期间，最终成了法国、英国、美国的三巨头会议。但是对中国来说，却又是一个不平等条约，为此，巴黎的华工和中国留学生举行了声势浩大的抗议活动，中国青年不惜以自己的鲜血和头颅去捍卫中国的尊严和权利。但巴黎和会并没有解决帝国主义之间争夺殖民地的矛盾，没过多久，第二次世界大战就爆发了。

阅读思考

1. 第一次世界大战的停战条约有哪些？
2. 各国是怎样"分享"战争果实的？
3. 中国为什么要举行声势浩大的抗议活动？

保卫马德里

1936年11月，在西班牙，一群来自各国的反法西斯志士组成的国际纵队来到了这里，他们来这里主要是为了支援西班牙人民的正义斗争。那么，这时候的西班牙正处于一种怎样的状态呢？西班牙国内的人民是怎样面对这场战争的呢？想知道答案吗？那就接着往下读吧。

1936年11月，一队奇异的人马在《国际歌》悲壮的旋律声中来到了战火纷飞的西班牙。他们操着不同的语言，穿着不同的制服，他们的头发、眼睛和皮肤颜色各不相同，他们是由来自苏联、中国、法国、美国、加拿大、意大利、德国、波兰、捷克斯洛伐克等54个国家的反法西斯志士组成的国际纵队，为了支援西班牙人民的正义斗争，志愿来到了西班牙。

此时，西班牙国内已是**硝烟**【**专家解疑**：*炸药爆炸后产生的烟雾。*】弥漫，战火纷飞。反动军官佛朗哥在德国和意大利法西斯主义者的支持下，于1936年7月发动了叛乱。此前，在2月份的西班牙国会选举中，由共产党、社会党和"左派"进步力量组成的人民阵线取得了胜利；接着，成立了以左翼共和党人为首的共和国政府。

新政府采取了一系列进步政策，如释放政治犯，恢复因政治原因而失业的工人的工作，实行养老保险和工人休假制，并开始进行土地改革。这些措施受到人民群众的广泛欢迎，却引起了反动势力的恐惧和憎恨。于是，以佛朗哥为首的法西斯分子勾结德意法西斯势力，发动叛乱。

佛朗哥的叛军装备精良，给养【**专家解疑**：指军队中人员的伙食、牲畜的饲料以及炊事燃料等物资。】充足，他们很快占领了南部的大片土地，与此同时，德意军队登陆西班牙。他们南北夹击，直逼首都马德里。

新生的人民共和国已处在危险的境地。"保卫马德里！""保卫人民共和国！"成了首都马德里人民的普遍心愿。马德里行动起来了，无论男女老幼，都动员起来。**他们组织担架队、运输队、护城队，积极配合前线的战斗，妇女们在她们的旗帜上写着："宁做英雄的寡妇，不当奴隶的妻子！"她们与男子汉们一样，挖战壕，修工事，扛大包，有的还直接上了前线。**【**名师点拨**：人民为了保护处在危险境地的新生的人民共和国，纷纷行动起来，就连妇女也参与到战争中来，她们像男子一样，做着各种战争工作，表现出人民对共和国的维护。】从1936年11月到1937年1月，佛朗哥对马德里先后发动了四次大规模进攻。第四次进攻时，墨索里尼还派了他的亲信罗阿塔前往指挥，并增调大量军队和重武器，却被英勇的西班牙人民打得全线溃退。

这场战争震动了全世界。**全世界进步人士、进步力量都纷纷支援西班牙人民共和国。**【**名师点拨**：之所以会有这样多的团体支援西班牙共和国，是因为西班牙共和国站在了正义的一边，体现出了人心所向。】于是，一支由各国志士组成的支援西班牙人民革命的国际纵队组成了。

这支国际纵队总共约 35 万人，分为 12 个分队。各国志士都以他们自己国家最为骄傲和光荣的名字命名自己的营队。有"林肯营""加里波第营""巴黎公社营"等。当时的中华苏维埃政府发表了《致西班牙人民书》，声援西班牙人民。中国旅美华侨组织了"国际纵队中国支队"。

在这些无私的国际志士中，有一位中国人民很熟悉的加拿大人，他就是后来到了中国抗日战争前线、为中国的抗战献出了宝贵生命的白求恩大夫。这位伟大的国际主义战士，这位高尚的、真正具有"毫不利己、专门利人"的无私品德的加拿大共产党员，把自己的一生都献给了世界人民的进步事业。在西班牙战场上，他同样是废寝忘食，挽救的生命不计其数。在西班牙这场正义与反动的较量中，国际纵队的战士始终冲在最前线。哪里最危险、最艰苦，哪里就能看到他们的身影。当第 11、第 12 纵队进入马德里时，正是佛朗哥进攻最猖狂、战争最激烈的时候，他们顾不上稍事休整，便直接投入了战斗。连续一个多月，他们只能在掩体里睡觉，在阵地里就餐。当敌人被打退，他们走出战壕时，已是"面目全非"：浑身衣衫褴褛，脸上污黑，许多人头发、胡子都被战火烧焦了。

最危险、最令人激动的可能要算雅拉玛山谷的战斗了。雅拉玛位于马德里东南边，是一个狭长形的山谷，是马德里南部的**屏障**

🔍 **好词好句**

废寝忘食

*当敌人被打退，他们走出战壕时，已是"面目全非"：浑身衣衫褴褛，脸上污黑，许多人头发、胡子都被战火烧焦了。

【**专家解疑**：①像屏风那样遮挡着的东西（多指山岭、岛屿等）。②遮挡着。】，也是佛朗哥军队进攻马德里的必经之地。因此，佛朗哥在此集结了大量兵力，配备了坦克、大炮和飞机。国际纵队的战士们和西班牙共产党第五军团共同守卫这个山口。

1937年2月6日拂晓，寂静的雅拉玛山谷被"隆隆"的炮声和"轰轰"的飞机马达声惊醒。大群的飞机乌鸦一般俯冲下来，一颗颗罪恶的炸弹从飞机肚子里滚下来。在飞机大炮的掩护下，杀气腾腾的叛军直扑山口，佛朗哥军队第三次进攻开始了。

共和国的卫士们愤怒了，他们决定给这群法西斯匪徒一点儿颜色。**机枪吼叫着，手榴弹像长了眼睛似的直扑敌人，有的战士甚至用步枪打下了飞机。**【**名师点拨**：这句话运用了拟人的修辞方法，将没有生命的手榴弹拟人化，所描写的物体显得更活泼、生动，使文章更加形象。】在猛烈炮火的掩护下，蝗虫般的敌人冲上来了。守卫山口的战士只有几千人，进攻的敌人却有数万人。但是，英勇的战士没有一个后退。几天之中他们打退了敌人数十次冲锋。子弹打光了，就用石头和滚木；给养用完了，就用野草和树皮代替。

当战士们把最后一块石头推到山下去时，援军赶到了。【**智慧引锋**：就是因为始终都没有放弃，所以他们等到了援军。这同时也告诉我们在做一件事情的时候一定要坚持到底，只有这样才会有转机。】第一批坚守阵地的勇士们这时只剩下几百人了。他们疲倦得连走路都要睡着了，被送回基地休养。

这场战役持续了将近一个月。佛朗哥丢了2万具尸体。而共和国方面也伤亡1万多人，许多国际纵队的战士在这次战斗中牺牲了。这是第二次世界大战以来最为激烈的一场战役。后来，有一首歌在国际纵队的战士中广泛流传，歌中唱道：

西班牙有个山谷叫雅拉玛，

人们都在怀念它。

多少个同志倒在山下，

雅拉玛开满鲜花。

国际纵队留在雅拉玛，

保卫自由的西班牙。

他们宣誓要死守在山旁，

打败法西斯狗豺狼！

国际纵队的战士们就这样为了保卫这片他们非亲非故的土地，而献出了他们满腔的热血和宝贵的生命。他们为正义而战，为进步而战，为和平而战！马德里最后终于沦陷了，佛朗哥在那里建立了他的独裁统治。但是，马德里保卫战中所体现出来的国际主义精神却给后来的世界反法西斯战争树立了光辉的榜样。在这场战争中经受战火洗礼的许多国际纵队成员，也是后来反法西斯战争的中坚力量。

名家品评

　　1936年7月，反动军官佛朗哥在德国和意大利的法西斯主义者的支持下发动了叛乱，由于反动军拥有精良的装备以及充足的给养，所以很快占领了大量土地。面对这样的情况，西班牙人民无论男女，全部奋起抵抗，国际纵队就是在这样的情况下加入到保卫战当中去的，虽然马德里最后还是沦陷了，但马德里保卫战中所体现出来的国际主义精神永远值得后人学习。

阅读思考

1. 国际纵队为什么要参与到西班牙的保卫战当中去？
2. 佛朗哥是在什么情况下发动叛乱的？
3. 马德里最后保住了吗？为什么？

斯大林格勒保卫战

位于伏尔加河下游西岸的斯大林格勒，是苏联内河航运干线伏尔加河的重要港口，同时也是苏联南方铁路交通的枢纽和重要工业城市。希特勒想要迅速占领斯大林格勒，但是他的阴谋在斯大林领导的苏联人民顽强的抵抗下破产了。那么，苏联人民是怎样对抗这场战争的，德军最后的结果是怎样的？仔细阅读下文，你将会找到答案。

斯大林格勒位于伏尔加河下游西岸，原名察里津，是苏联内河航运干线伏尔加河的重要港口，又是苏联南方铁路交通的枢纽和重要工业城市。

德军在围攻列宁格勒不久，又于 1942 年 7 月 17 日，投入 150 万兵力进攻斯大林格勒。希特勒甚至定下了 7 月 25 日以前攻占斯大林格勒的计划。

希特勒的阴谋再次**破产**【**专家解疑**：①丧失全部财产。②债务人不能偿还债务时，法院根据本人或债权人的申请，做出裁定，把债务人的财产变价依法归还各债主，其不足之数不再偿付。③比喻事情失败（多含贬义）。】了。苏联军民在斯大林的号召下，誓死抗敌，人人都投身到反击德国法西斯的斗争中去。

德军集中了 40 个师的精锐【**专家解疑**：（军队）装备优良，战斗力强。】部队，每天出动上千架次飞机，把 100 多万颗炸弹投向这座城市，斯大林格勒的建筑几乎全部被炸毁。

9 月 13 日，德军 17 万人，500 辆坦克向保卫斯大林格勒的苏联第 62 集团军发起猛攻。德军在几个地段突破苏军防线，进入市区阵地。

在这危急的时刻，苏军进行了英勇的抵抗。**苏联人民也团结起来，人人手执武器在废墟中同冲进市区的德军展开搏斗，前面的倒下了，后面的冲上去。**【**名师点拨**：任何国家或地区在面临侵犯的时候，都会全民皆兵，也只有团结，才能共同击退敌人，保卫家园。】一场最为残酷、最为激烈的市区争夺战开始了。

为了打败法西斯，俄罗斯人民付出了重大的牺牲，谱写了一曲可歌可泣的爱国主义精神赞歌。

9 月 14 日，争夺市中心的激战达到了白热化的程度。德军从早到晚冲锋不止，他们死伤惨重。据守斯大林格勒的 62 集团军战士，抱着与城共存亡的决心和德军浴血奋战。

为了争夺火车站，德苏双方争夺激烈，一周内火车站 13 次易手。

为了争夺被德军占领的马耶夫岗高地，近卫军猛扑高地东北面的陡峭的斜坡，冲入战壕与德军展开了白刃搏斗，终于把高地夺回。

守卫巴甫洛夫大楼的激战持续了 58 个昼夜，敌人用火炮、迫击炮进

🔎 **好词好句**

浴血奋战
陡峭

* 为了打败法西斯，俄罗斯人民付出了重大的牺牲，谱写了一曲可歌可泣的爱国主义精神赞歌。

行射击，还派飞机向楼房轰炸，楼房虽被炸得**面目全非**【专家解疑：事物的样子改变得很厉害（多含贬义）。】，却始终未被摧毁，苏军坚守楼房，给敌人一次又一次的还击。

一名护士为了掩护伤员，端起机枪消灭了30多个德军，自己身负重伤，仍坚持赶到自己的部队。

有75万名姑娘，成为高射炮手、无线电兵、卫生员和护士，她们把自己的青春奉献给伟大的斯大林格勒保卫战。全城的人民和苏军密切配合，共同奋战。拖拉机厂的工人们一边反击敌人，一边在弹片横飞的车间里坚持生产。在激战的九月份，他们

生产了 1200 辆坦克和 150 辆牵引车……在参战期间，无论男女老少，人人都是战士，到处都是战场，希特勒的军队陷入人民战争的汪洋大海中，久战不胜。希特勒原想**速战速决**【**专家解疑**：迅速投入战斗，迅速结束战斗，比喻做事时迅速地完成任务或解决问题。】，但斯大林格勒人民的顽强反击，使德军陷入困境。从 9 月 13 日到 26 日，德军每天几乎伤亡 3000 多人，但仍然不能占领全城。德军的士气一天天低落下去，一个德国士兵在家信中哀叹：

"我们不久就可以占领斯大林格勒，但是它仍然在我们面前——相距如此之近，却同时又像月亮那样遥远。"

严寒的冬季终于到来了，毫无过冬准备的德国士兵陷入饥寒交迫中，很多士兵被冻死。德国的战斗力一天天衰弱下去，战争的形势逐渐开始变化。

11 月 19 日，苏联红军终于迎来了激动人心的时刻，斯大林发起了大反攻的命令。

11 月 23 日，苏军把 33 万德军困在了包围圈中。德军**弹尽粮绝**【**专家解疑**：弹药用光，粮食吃完，形容必需品断绝，处境十分困难。】，他们处在死亡的恐惧之中。德军司令鲍罗斯在笔记中写道：

"士气低落了，解围的希望破灭了。越来越疲惫的士兵都在斯大林格勒的地下室里为自己寻找避难所，越来越多地听到关于反抗已毫无意义的抱怨声。"

鲍罗斯向希特勒发出冲围撤退的请求。

但刚从阿尔卑斯山赏雪归来的希特勒发来一份急电：不许投降，第六军团必须死守阵地，直至一兵一卒、一枪一弹。鲍罗斯陷入万分绝望的情绪中，垂头丧气地坐在黑暗的地下室里的行军床上，向希特

勒发出最后一份急电：部队将于24小时内最后崩溃。【**名师点拨**：德军已经弹尽粮绝，撤退的请求并没有得到希特勒的同意，万分绝望的鲍罗斯只好向希特勒发出最后一份急电，从另一方面表现出德军所处的绝境。】

万般无奈的希特勒急忙发出一份电令，升鲍罗斯为陆军元帅，其余117名军官也各升一级。希特勒希望他的封功加爵能加强德军将士"光荣殉职"的决心。

接到电令的鲍罗斯彻底地失去了希望，一下子瘫倒在地面上。【**名师点拨**：本来战争对自己已经十分不利，再加上希特勒的电令，这令鲍罗斯陷入绝望，也预示着战争的结局。】

2月2日，坚持了六个月的斯大林格勒大会战终于结束了。9.1万名德国官兵，其中包括鲍罗斯在内的24名高级将领，穿着单薄的衣衫，抓紧裹在身上满是血污的毛毯，在零下24摄氏度的严寒下，一瘸一拐地走向寒冷的西伯利亚战俘营。

斯大林格勒大战给希特勒法西斯以**致命**【**专家解疑**：可使丧失生命。】的打击，德军再也无力进行大规模的反攻了，他们一步步后退，开始走下坡路。苏联红军则开始大反攻，陆续收复了失地，并攻入德国本土。

苏联人民和全世界人民都从斯大林格勒大战的胜利中看到了胜利的希望，也坚定了彻底打败德国的信心。

斯大林格勒战役的胜利，是苏德战争的**转折**【**专家解疑**：①（事物）在发展过程中改变原来的方向、形势等。②指文章或语意由一个方向转向另一个方向。】点，也是第二次世界大战的伟大转折点。

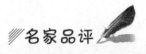

在斯大林的领导下，英勇顽强的苏联人民在斯大林格勒保卫战中消灭了德军大量的有生力量，这场战役给了希特勒法西斯以致命的打击，德军士兵也开始产生了大规模恐慌和士气衰竭的局面，德军开始走下坡路，而苏联军队开始乘胜追击，终于扭转了第二次世界大战的格局。

阅读思考

1. 斯大林格勒保卫战是怎样爆发的？

2. 苏联人民是怎样抵抗敌人的？

3. 这场战斗的结局如何？有怎样的影响？

偷袭珍珠港

1941 年 12 月 7 日清晨，日本帝国海军的航空母舰舰载飞机和微型潜艇突然袭击了美国海军太平洋舰队在夏威夷的基地——珍珠港，这次袭击最终将美国卷入第二次世界大战。这次战争在爆发之前还发生过哪些事情？这次事件中美国损失了什么？仔细阅读下文，你将会找到满意的答案。

偷袭珍珠港是 1941 年 12 月 7 日的清晨，由于日本帝国海军的航空母舰舰载飞机和微型潜艇，突然袭击美国海军太平洋舰队在夏威夷的基地——珍珠港以及美国陆军和海军在欧胡岛上的飞机场的事件，太平洋战争由此爆发【**专家解疑**：①火山内部的岩浆突然冲破地壳，向四外迸出。②突然发作；（事变）突然发生。】。这次袭击最终将美国卷入第二次世界大战，它是继 19 世纪中墨西哥战争后第一次另一个国家对美国领土的攻击。这个事件也被称为"珍珠港事件"或"奇袭珍珠港"。

日本从 1941 年中开始向东南亚发展，引起了这个地区主要强国的不安，为了给日本一点儿颜色看，美国冻结了对日本的经济贸易，其中重要的是高辛烷石油，没有石油，日本的飞机无法升天，舰艇无法在海中行驶，日本就无法继续对外扩张。

141

加上日本的石油只能维持半年的时间，日本明白，要么从中国撤兵，停止对外扩张，外交上向美国靠拢。要么自组旗帜，南下夺取战略资源，继续加强对外侵略。南洋有美国、英国、荷兰的殖民地，进军南洋就等于向美、英两国宣战。

太平洋上的珍珠港是交通的主要枢纽，夏威夷东距美国西海岸，西距日本，西南到诸岛群，北到阿拉斯加和白令海峡，都在 2000 海里到 3000 海里之间，跨越太平洋南来北往的飞机，都以夏威夷为中续站。日本认为先在太平洋上夺取制空制海权，就意味着南下的道路畅通无阻，必须先摧毁珍珠港，于是日本策划了珍珠港突袭。

【名师点拨：这一段话讲出了珍珠港在太平洋上的重要作用，日本认为要想在太平洋上夺取制空制海权，就一定要先摧毁珍珠港，这样才能畅通无阻。】

日本政府决定占据东南亚的资源，作为对禁运的回答。他们不能假设，假如他们开始行动了，美国会在一旁袖手旁观吗？这是山本五十六考虑事前消灭美国在太平洋的力量的原因。日本联合舰队司令山本五十六袭击珍珠港的海军基地的计划，是实现这个战略目的中的一个战术步骤。日本资料显示，山本于 1941 年年初开始考虑袭击珍珠港。数月后，在做了一些预先考察后，他被批准开始准备这个行动。日本海军内部有一支强烈反对这样行动的力量。山本威胁【专家解疑：①用威力逼迫恫吓使人屈服。②使遭遇危险。】，假如这个行动被终止的话，他将引退。1941 年夏，在一次由日本天皇亲自出席的御前会议上，这个行动正式被批准。**11 月，在另一次天皇亲自出席的御前会议上，出兵太平洋的决定被批准。在 11 月的会议上还决定，只有在美国完全同意日本要求的情况下才放弃这次行动。**【名师点拨：这样的一个假设性的要求显然是不可能实现的，日本之所以会有这样的要求，就是为

了获得更多的利益，正是这样的决定推动了历史的发展。】

袭击珍珠港的目的是为了（至少暂时）消灭美国海军在太平洋上的主力。袭击珍珠港计划的策划者山本五十六本人认为，一次成功的袭击只能带来一年左右的战略优势。从 1931 年开始日本与中国交战，此前日本占领了满洲。从 1941 年 1 月，日本开始计划袭击珍珠港以取得战略优势。经过一些海军内部的讨论和争执后，从年中开始，日本海军开始为这次行动进行严格的训练。

日本计划的一部分是在袭击前（而且必须在袭击前）中止与美国的协商。到 12 月 7 日为止，日本驻华盛顿大使中的外交官一直在与美国外交部进行很广泛的讨论，包括美国对日本在 1941 年夏入侵东南亚的反应。**袭击前日本驻美大使从日本外交部获得了一封很长的电报，并受令在袭击前（华盛顿时间下午一时）将它递交给美国国务卿科德尔·赫尔。但大使未能及时解码和打印这篇很长的国书。最后这篇宣战书在袭击后才递交给美国。**【**智慧引路**：日本驻美大使在袭击前就已经获得了一封很长的电报，但由于延误，袭击后这篇宣战书才送到了美国的手中，最终导致了无法挽回的后果。所以，我们在做任何一件事情的时候，都要注意中间的小细节。】这个延迟增加了美国对这次袭击的愤怒，它是罗斯福总统将这天称为"一个无耻的日子"的主要原因。山本上将似乎同意这个观点。在日美合拍的电影《虎！虎！虎！》中他说："恐怕我们将一个沉睡的巨人唤醒了，现在他充满了愤怒。"

实际上这篇国书在日本递交给美国前就已经被美国解码了。乔治·卡特利特·马歇尔在读过这篇国书后，立刻向夏威夷发送了一张紧急警告，但由于美军内部传送系统的混乱，这篇电报不得不通过民用电信局来传达。在路上它丢失了它的"紧急"标志。袭击数小时后，一个年轻的日裔美国邮递员将这张电报送到美军司令部。

11月26日，日本海军一支由六艘航空母舰为主力的舰队，在海军中将南云忠一的指挥下离开日本开往珍珠港。途中舰队保持着彻底的无线电沉默。除这六艘航空母舰外，日本舰队还包括两艘战列舰、3艘巡洋舰、9艘驱逐舰和3艘潜艇。此外还有8艘油轮和2艘驱逐舰只开到北太平洋等候。【名师点拨：这段话主要交代了日军偷袭珍珠港海军的装备，为了保证偷袭成功，这支舰队在途中保持着彻底的无线电沉默，这些也预示着偷袭的成功。】

12月8日早晨，该舰队上的飞机轰炸了欧胡岛上所有的美军机场和许多在珍珠港内停泊的舰艇，包括那里的战列舰。地面上几乎所有飞机都被摧毁，只有少数飞机得以起飞和还击。【名师点拨：这句话着重突出了在这次轰炸的过程中，美国的损失巨大，这同时也预示了本次战斗的结局。】12艘战列舰和其他舰船被击沉或损坏，188架飞机被摧毁，155架飞机被破坏，2403名美国人丧亡。仅"亚利桑那"号战列舰爆炸沉没时就有上千人死亡。

这次战斗的第一炮和第一个牺牲者，来自美国一条驱逐舰对日本的一艘微型潜艇的攻击。那艘微型潜艇被击沉。日本一共出动了5艘微型潜艇，它们打算在空袭【专家解疑：用飞机、导弹等从空中进行袭击。】开始后对美国船只施放鱼雷，5艘潜艇后来都被击沉，其中有4艘后来被找到。这五艘潜艇上的十名水手中只有一人幸存，酒卷和男被俘，他是美国在二战中捕获的第一个俘虏。

日本参加这次袭击的航空母舰是赤城号（旗舰）、加贺号、苍龙号、飞龙号、翔鹤号和瑞鹤号。这六艘航空母舰共计搭载舰载机414架，其中包括战斗机、鱼雷轰炸机、俯冲轰炸机和水平轰炸机，其中

55架被毁。**这些飞机分为两波攻击，南云中将决定放弃第三波攻击而将主力撤回。【名师点拨**：*之所以放弃第三波攻击，是因为战斗目标已经达到，本次战斗日本已经胜利。但也正是因为这次战斗，令日本陷入了难以翻身的境地。*】

就其战略目的而言，对珍珠港的袭击从短期和中期的角度来看，是一次辉煌的胜利，它的结果远远超过了它的计划者的设想，在整个战争史上，这样的成果也是罕见的。在此后的六个月中，美国海军在太平洋战场上无足轻重。如果没有美国太平洋舰队的威胁，日本可以彻底忽略其他列强在东南亚的力量，此后它占领了整个东南亚、太平洋西南部，它的势力一直扩张到印度洋。

从长期的角度来看，偷袭珍珠港对日本来说是一个彻底的灾难。事实上，计划偷袭珍珠港的山本上将本人预言，即使对美国海军的袭击成功，它不会也不可能赢得一场对美国的战争，因为美国的生产力水平实在太高了。美国海军主力舰四艘被击沉，三艘受伤。日本的主目标之一是美国的三艘航空母舰，但当时没有一艘在港内："企业"号正在返回珍珠港的路上，"莱克星顿"号数日前刚刚开出，"萨拉托加"号正在圣地亚哥维修。世界各地的海军和其他观察家都认为，将美国大多数战列舰击沉是这个战役的最大成果。没有了这些战列舰，美国海军只能依靠它的航空母舰和潜艇。实际上当时美国海军只有这些舰船了，而这些舰船也是当时抵抗和后来反击日本的主要力量。后来证明将战列舰摧毁的作用远比预想的要小得多。

最重要的可能是"珍珠港事件"立刻将一个本来意见不齐的国家动员**【专家解疑**：*①国家把武装力量由和平状态转入战时状态，把所有的经济部门（工业、农业、运输业等）转入供应战争需要。②发动人参加某*

项活动。】起来了。**它将美国团结起来，要一起战胜日本，它可能也是后来盟军要求无条件投降的原因。【名师点拨**：因为日本的这次偷袭，造成了美国国内的空前团结，也正是因为美国加入了这场战争，才有力地推动了战争结束的进程。】有些历史学家认为，不论当时日本只是击中了修理篷还是击中了航空母舰，对珍珠港的袭击本身就已经决定了日本战败的命运。

这场战役是有历史决定性意义的。由于日本未能击沉美国的航空母舰，因而它只有一个小的军事作用。但即使日本击沉了美国的航空母舰，从长远角度上来看它还是不能帮助日本。这次袭击彻底地将美国和它雄厚的工业和服务经济卷入了第二次世界大战，导致了轴心国在全世界的覆灭。此后盟军的胜利和美国在国际政治上的支配性地位的形成都是由此及彼的。

从军事史的角度来看，对珍珠港的袭击标志着航空母舰取代战列舰成为海军主力的转折点。但实际上海军力量强大的美国，对于这一点一直到后来珊瑚岛海战和中途岛战役后才觉醒过来。

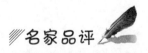

这次战斗对第二次世界大战起到了决定性作用，显露了日本在太平洋战场上的野心，更重要的作用，就是使一个本来意见不齐的国家迅速团结起来，他们战胜日本的决心空前一致，这很有可能也是后来盟军要求无条件投降的原因。同样，这场战争也注定了日本战败的命运。

阅读思考 ··

1. 为了偷袭珍珠港，日本投入了哪些力量？

2. 偷袭珍珠港之后，美国的反应如何？

3. 偷袭珍珠港产生了怎样的历史影响？

诺曼底登陆

为了开辟第二战场，并且和东线苏联红军配合对德军实行两面夹击，盟军参谋部详尽分析了法国游击队和情报人员提供的西海岸德军设防情况的情报，最终将诺曼底作为登陆地点。那么，在登陆之前，盟军做了哪些事情？这些事情奏效了吗？以下将会对这些问题做详尽解答。

美国的艾森豪威尔将军被任命为盟军总司令。近300万盟军的陆、海、空将士在英伦之岛集结，准备横跨英吉利海峡，登上欧洲大陆，开辟第二战场，和东线苏联红军配合夹击德军。这个大规模的作战计划代号为"霸王行动"。

盟军参谋部详尽分析了法国游击队和情报人员提供的西海岸德军设防情况的情报，结合其他各种条件，决定把登陆地点选在法国西北部的诺曼底。

然而，如何才能迷惑早已布下重兵、**严阵以待【专家解疑**：摆好了严整的阵势，等待来犯的敌人。】的德军，不让他们知道盟军的真正登陆地点呢？

盟军摆开了"迷魂阵"：由英国电影制片厂的布景道具师们设计的"登陆艇""弹药库""医院""兵营"和"飞机""大炮"，布置在英国东南沿海一带；盟军谍报人员开始在各中立国到处收集法国加莱海岸的详细地图；英国建筑师在沿海显眼的地方制造起"油船码头"，还配备了发电厂和贮油罐等。另外，一支"一百万"人的集团军调往东南沿海，准备进攻加莱……

消息很快传到了德军西线指挥部。

"看来，盟军要在加莱海岸登陆是确定无疑的了！"奉希特勒之命赶来指挥防御的德军元帅隆美尔自信地断定。

他立即下令加强对加莱海岸一带的严密防守。几天之内，海底、海滩密布地雷，海岸构筑起了坚固隐蔽的炮台，布置了反坦克陷阱和沟壕堡垒。希特勒还把最精锐的十五集团军集中到这一地区，归隆美尔指挥。加莱已成为德军"大西洋铁壁"最坚固的一环。隆美尔十分得意和自信。【名师点拨：*受到迷惑之后的德军元帅隆美尔对自己获得的情报深信不疑，他在加莱海岸一带设置了严密的防线，就等待敌人的来袭，他无论如何也不会想到这是盟军的障眼法。*】

盟军的百万大军已做好从诺曼底登陆的准备。预定的登陆日期是6月6日。

与此同时，在英吉利海峡的另一边，隆美尔正准备驱车赶回德国家中，为他的妻子露西送上生日礼物——在巴黎买的一双漂亮的女式皮鞋。**他坐在敞篷汽车上，抬头看看天空，乌云密布，风声猎猎。**

【名师点拨：*在任何时候，天时、地利、人和都是不可忽视的条件，任何一个微小的条件都能影响战争的格局，隆美尔就是因为过于自信而导致了后面的灾难。*】空军气象站报告，近几日英吉利海峡气候恶劣。这样的坏天气，盟军是不会发动渡海作战的。隆美尔感到对形势不必过虑，他还准备第二天去伯希特斯加登谒见希特勒呢。

6月6日凌晨，载着3个伞兵空降师的3千余架英、美运输机、滑翔机，从英国20个机场起飞，飞向法国诺曼底海岸。4千艘舰船和无数的登陆艇，在飞机的掩护下驶出了严密伪装的英国南海岸基地。著名的"诺曼底登陆"开始了！

直到此时，德军仍被蒙在鼓里。正在睡觉的德军西线司令伦斯特听到诺曼底前线紧急报告："一股英、美空军部队着陆，看来是一次大规模行动……"

他漫不经心【**专家解疑**：随随便便，不放在心上。也说漫不经意。】地回答说："不必惊慌，空降伞兵是盟军惯用的虚张声势、声东击西的手法，不会是大规模行动的。"黎明时分，英国皇家空军1136架飞机对事先选定的德军海岸的10个堡垒，投下了5853吨炸弹。美军第八航空队1083架轰炸机又对德军海岸防御工事投下了1763吨炸弹。盟军各种飞机轮番轰炸着海岸目标和内陆炮兵阵地。

太阳升起来了，盟军的海军战舰开始向着沿海的德军阵地开火。天空中炮火伴着炸弹，万道火光和着初升的阳光，烧红了辽阔的天穹。诺曼底海滩成了一片火海，山摇地动。6时30分，美军第四师在诺曼滩头阵地登陆。7时20分，蒙哥马利指挥的英国第二集团军也登上了海岸。后续部队和装备源源不断被运到岸上。

正在家中的隆美尔得到消息，立刻取消了谒见希特勒的计划，乘

🔎 好词好句

源源不断

* 天空中炮火伴着炸弹，万道火光和着初升的阳光，烧红了辽阔的天穹。诺曼底海滩成了一片火海，山摇地动。

车返回，但直到下午才赶到德军西线司令部。

伦斯特和几个德军将领焦急地把情况汇报给了希特勒，要求批准急调两个精锐坦克师去诺曼底。希特勒回答说，这两个坦克师不能"轻举妄动"，要看看形势的发展再做决定。说完，他上床去午休了。尽管西线的告急电话不断地响起，但没有人敢去打扰他。

当下午3时，希特勒午睡醒来，前线报告：盟军已有大批部队登陆，并深入陆地几公里了。**希特勒这才如梦初醒。他慌忙批准派出装甲师支援诺曼底，同时发出命令："必须在傍晚前消灭登陆敌军，收复滩头阵地……"【名师点拨**：因为之前的疏忽，导致了盟军的大批登陆，虽然希特勒认识到了事态的严重性，但为时已晚，大局已定。】

但是，一切都晚了！

傍晚时分，登陆的盟军已在诺曼底建立了牢固的阵地。深夜，将近10个师的部队连同坦克、大炮及其他武器都已上岸，后续部队仍源源而来。6月12日，盟军在诺曼底的几个滩头联结成了一条阵线。

希特勒所吹嘘的"大西洋铁壁"被突破了！从此，法西斯德国陷入了苏联和英、美盟军东西夹击的铁钳之中，加速了其走向灭亡的步伐。

斯大林高度评价了诺曼底登陆战役，他说，"**就其规模、就其宏大的布局，以及杰出的执行计划情况来讲，在战争史上从来也没有过足以和它类比的战绩。**"，"历史将把这一业绩作为一项最高的成就记载下来。"

🏛 哲理名言

就其规模、就其宏大的布局，以及杰出的执行计划情况来讲，在战争史上从来也没有过足以和它类比的战绩。

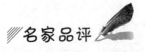

名家品评

　　这次登陆战役的胜利，不仅顺利开辟了盟军在欧洲大陆的第二战场，同时也意味着纳粹德国将陷入两面夹击当中，使苏军的战斗压力得以减轻，并顺利攻克柏林，突破了希特勒所吹嘘的"大西洋铁壁"，加速了德国的战败进程，同时也加快了第二次世界大战结束的进程。

阅读思考

1.盟军"迷魂阵"的内容主要有哪些？

2.德军元帅隆美尔在接到情报之后是什么反应？

3.诺曼底登陆具有怎样的意义？

冲绳之战

冲绳，是当时日本本土以外日本军队在太平洋上的最后一个据点。1945年初，美军为了建立进攻日本本土的基地，决定攻占冲绳岛。但当时情况下，冲绳一旦失守，就意味着日本在太平洋上除本土之外的所有据点将丧失殆尽，只有在本土进行决战。那么，这次冲绳之战结果到底如何呢？让我们一起跟随历史的脚步来探索吧。

　　冲绳之战是太平洋战争末期，美军在冲绳岛对日军进行的登陆战役。冲绳岛因其在日本本土防御中占据重要的**战略**【**专家解疑**：①指导战争全局的计划和策略。②泛指决定全局的策略。】位置，被誉为日本的"国门"，因此"冲绳岛登陆战"也被称作"破门之战"。

　　冲绳群岛属于琉球群岛。由冲绳岛、庆良间列岛、伊江岛等岛屿组成，主岛冲绳岛是琉球群岛的最大岛屿，位于日本本土和中国台湾之间，北距九州630公里，南北长约108公里，东西最宽处约30公里，最窄处仅为4公里，面积约1220平方公里，人口约46万，主要城市有那霸、首里和本部町。冲绳岛北部多山地，南部则是开阔又平坦的丘陵地带。岛的东海岸有两个天然港湾，金武湾和中城湾，日军建有那霸军港。岛上还有那霸、嘉手纳、读谷和与那原四个机场，是日本在本土西南方向的重要海空基地。**冲绳岛上有一种特别的建筑——圆形的家墓，它是用坚固的石料建成，在岛上随处可见，日军稍加改装，就可成为坚固的防御工事，在后来的战斗中给美军的进攻造成了巨大的困难。**【**名师点拨**：这段话具体交代了冲绳之战中圆形家墓所占据的重要地位的作用，同时也有引起下文的作用，预先铺垫了战争的情况。】

1945年年初，美军占领吕宋岛及硫黄岛后，为掌握整个琉球群岛的制海权和制空权，建立了进攻日本本土的基地，决定攻占冲绳岛。日军决心集中使用海空力量，摧毁美太平洋舰队主力于冲绳岛附近海域；以陆军部队坚守冲绳岛，争取时间加强本土防御准备。日军守岛部队为第三十二集团军下辖的2个师和1个混成旅，约8.6万人，以及海军基地部队和由岛上居民编成的特编团等共10万余人，由牛岛满陆军中将指挥。防御重点在岛的南部，以首里为核心构筑有牧港、首里两道防线，在西北端八重岳、与座岳地域构筑有第三道防线。每道防线都依托丘陵地势构成多层次的坚固防御阵地。由战列舰、巡洋舰各1艘和驱逐舰8艘组成的联合舰队第二舰队（司令为伊藤整一海军中将）以及潜艇部队和驻扎在九州、台湾的航空兵部队，担负抗击登陆支援与**掩护**【**专家解疑**：①对敌采取警戒、牵制、压制等手段，保障部队或人员行动的安全。②采取某种方式暗中保护或不使暴露。③指作战时遮蔽身体的工事、山冈、树木等。】**任务。冲绳岛及其邻近岛屿还有1个鱼雷艇中队和600余艘自杀攻击艇。美军参战兵力为45.2万人，舰艇1500余艘，飞机2500架。**第五舰队司令R.A.斯普鲁恩斯海军上将任总指挥。担任登陆任务的第十集团军（司令为Jr.S.B.巴克纳陆军中将），由陆战第三军和陆军第二十四军组成，辖8个师，18.3万人。其中步兵第八十一师为战区总预备队，由美、英两军的航母机动部队，以及美第二十、第二十一战略轰炸部队等，担任掩护和支援。【名师点拨：这段话介绍了美军在冲绳之战中投入的兵力及其装备，暗示美军对这次战斗已经做好了充分准备以及战略部署。】

美军于 3 月 18 日开始空袭九州、四国和台湾。同时，第十集团军各突击梯队进行海上航渡。23 日起，舰载机群和舰炮对庆良间列岛和冲绳岛实施预先火力准备，摧毁岛上部分机场和暴露的防御设施，消灭了日军的近海攻击舰队。26 日，在庆良间列岛登陆，夺得了舰船停泊场和后勤补给基地。4 月 1 日早晨，开始对冲绳岛实施直接舰炮和航空火力准备。【名师点拨：通过对这一系列的时间进行描写，我们可以知道战争进行得十分顺利，为战争的最终胜利奠定了基础。】陆战第三军（陆战第一、第六师）和陆军第二十四军（步兵第七、第九十六师）在羽具岐南北 9 公里地段突击登陆。当天即有 4 个师约 6 万人及大批坦克、火炮登陆，建立了正面 14 公里、纵深 5 公里包括两个机场在内的登陆场。同时，美陆战第二师在冲绳岛东南港川海面实施佯攻【专家解疑：虚张声势地进攻。】。4 月 4 日，美军占领冲绳岛中部地区，将该岛拦腰切断，并开始向北部和南部主阵地发起进攻。至此，登陆阶段的任务已告完成。4月6日，日海军联合舰队由日本向冲绳航进，企图与美军进行海上决战。翌日，美快速航母舰队迎战于九州西南海域。美舰载机编队击沉日军战列舰、巡洋舰各1艘及驱逐舰4艘，从而解除了海上威胁。日潜艇部队到冲绳附近活动，由于美军警戒严密而无所作为，除1艘返航外，其余7艘均被击沉。4月6日至6月22日，日本陆、海军以及航空兵对美军舰船进行了十次大规模攻击，虽取得一定战果，但对整个战局未起决定作用。美陆战第三军的两个师向冲绳岛北部顺利推进，至4月21日占领该岛北半部和伊江岛。陆军第二十四军的两个师向南进攻，遭到日军顽强抵抗，进展缓慢，24日开始突破牧港防线。**而后，美军调整部署，陆战第一师、步兵第七十七师投入南线作战。5月4日，日军发动总反击失利，于是收缩阵地。在美军的两翼包围下，日军于29日放弃首里防线，向南部防线转移。**【名师点拨：这段话交代了美、日两军在冲绳之战中的激烈对决。其间，日军接连遭到美军的惨烈打击，防御失利，在战斗中显示出疲态。】6月4日，美陆战第六师由牧港海岸向小禄半岛登陆。17日，美陆战第二师第八团在喜屋武登陆。18日，美第十集团军司令巴克纳中将阵亡，陆战第三军司令R.S.盖格少将接替其职务。22日，美军突破日军南部防线。次日凌晨，日军第三十二集团军司令牛岛满及其参谋长剖腹自杀。

战役以日军失败而告终。日军死亡9万余人，被俘7400人，岛上居民死亡约10万人，损失飞机7830架，舰艇被击沉16艘、击伤4艘。美军伤亡7万余人（含非战斗减员2.6万人），损失飞机763架，舰艇被击沉36艘，击伤368艘。这是美日两军在太平洋岛屿作战中规模最大、时间最长、损失最重也是最后一次战役。美军占领冲绳岛后，打开了日本的门户，达到了为进攻日本本土建立战略基地的目的。

此次战役，美军拥有绝对的兵力优势，掌握了制海权和制空权，选择了有利的登陆点。但是战术呆板、畏惧夜战、近战和攻坚，也未及时进行海上迂回。日军利用坑道和反斜面阵地，抵消美军火力优势，以近战火力和小分队夜间出击，顽强战斗达3个月之久。**又以"神风"自杀飞机为主击毁、击伤大量美海军舰艇，但陆、海军及其航空兵行动不协调，并放弃了水际滩头作战的机会。**【名师点拨：虽然在战场上已经失去了主导权，但他们始终不认为自己会战败，也正是基于这样的心理，他们才在战场上做垂死挣扎。】

冲绳战役，从3月18日美军航母编队袭击九州开始，至6月22日冲绳岛战斗基本结束，共历时96天，其中在冲绳岛上的激烈战斗就有82天之久，日军包括"大和"号战列舰在内的16艘水面舰艇和8艘潜艇被击沉，约4200架飞机被击落、击毁，日军在冲绳岛上的约10万守军，除9000余人被俘外，其余全部被歼，冲绳岛的平民有7.5万人死伤。美军有32艘舰船被击沉，368艘被击伤，其中有13艘航母、10艘战列舰、5艘巡洋舰和67艘驱逐舰遭到重创，损失舰载机763架，阵亡1.3万人，受伤3.6万人，另有2.6万人的非战斗伤亡。**此役是美军在太平洋战争中伤亡最大的战役，因此英国首相丘吉尔认为冲绳战役将以史诗般的战斗，列入世界上最激烈、最著名的战斗而流传于后世。鉴于在战役中所付出的惨重伤亡，美军没有举行大规模的庆祝活动。**【智慧引略：战争从来都是残酷的，冲绳之战中，不论孰胜孰败，美、日两军都有惨重的伤亡和损失。这启示我们，应当爱好和平，与他人和谐相处，以友谊的方式处理争端，武力会令双方都失去更多。】

美军以如此巨大的代价，攻占了冲绳群岛，打开了日本本土的西南门户【**专家解疑**：①门（总称）。②比喻出入必经的要地。③指家。④派别。⑤门第。】，取得了进攻日本本土的海空基地，为在日本本土登陆作战创造了有利条件。而战役期间美军在冲绳群岛诸岛上建立起的航空基地网，进驻了大量的航空兵力，不仅可以有效地阻截日军来袭的飞机，而且还可以起飞轰炸日本本土的中心地带，进一步加强对日本本土的战略轰炸。

此次战役，日军十万守军，面对美军绝对优势的海空兵力和地面部队，在近乎孤立无援的情况下，坚持战斗三月有余，显示了日军抗登陆作战能力之高，战斗意志之顽强，同时日军所采取的战术，也为劣势军队组织有效的抗登陆战提供了有益的经验。日军主要凭借坑道、天然岩洞和山地反斜面阵地，尽量削弱美军的**火力**【**专家解疑**：①利用煤、石油、天然气等做燃料获得的动力。②弹药发射、投掷或引爆后所形成的杀伤力和破坏力。③指人体的抗寒能力。】优势，并积极开展近战、夜战，组织小部队频繁实施猛烈反击，消耗美军的有生力量。虽然守备部队和航空兵力在战役中遭受了严重损失，但为本土防御争取到了宝贵的备战时间，并使美军深刻地意识到对日本本土的登陆将遇到更加激烈和残酷的战斗。

美军在作战中比较重视夺取战区制空权和制海权，依靠其绝对优势的海、空力量，在确实掌握了琉球群岛的制空权、制海权，以及切断对守军各种支援，并对登陆部队进行海、空火力支援后，才实施登陆。为此，美军以航母编队和战略空军的 B-29 轰炸机多次袭击日本九州等地的日军航空基地。由于日军在九州地区建有很多机场，而且分布很分散，加上防空火力的有力掩护，美军的空袭一直未能将其彻底压制。**所以美军的航母编队只得长期停留在冲绳海域，充当登陆编队的屏障，在日军"神风"特攻队的疯狂攻击下，蒙受了巨大的损失。**【**名师点拨**：从这段话可以看出，日军的抵抗非常顽强，因此美军曾一度进展缓慢，甚至蒙受巨大损失，从这里也可看出战斗的激烈程度。】

美军比较成功的是战役中的后勤保障工作，参战部队总人数高达五十余万，所有这些部队的物资供应，从飞机、大炮到炸药和汽油，甚至卫生纸、可口可乐到冰淇淋和口香糖，一切都是经过太平洋从美国本土运来的。工作量惊人之庞大，其中运输船队功不可没，**他们冒着被日军潜艇和飞机击沉的危险，克服了潮湿炎热的海域及长途航行中的种种困难，将物资源源不断地送到前线，为战争的胜利做出了杰出的贡献。**【**名师点拨**：任何一场战争，后勤都是非常重要的一环。而对于身在前线的战士以及对本次战争的胜利来说，美国运输队都起到了非常重要的作用。】此外，美军首先夺取庆良间列岛，并将这个群岛建设成后勤前进基地，为参战舰艇提供就近的维修、补给和休整，也是非常明智而**卓有成效**【**专家解疑**：成绩、效果显著。】的。

冲绳战役和前不久进行的硫黄岛战役，使美军深深明白，如果要在日本本土实施登陆，将面对怎样的疯狂抵抗。美军参谋长联席会议估计，要在日本本土登陆，美军将付出100万人的伤亡代价，因此促使美国最终决定对日本使用刚研制成功的原子弹，以尽快结束战争。

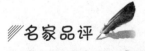

名家品评

　　冲绳之战，是美、日两军在日本琉球群岛中的冲绳岛进行的一场战役，同时也是第二次世界大战太平洋战场中规模最大的两栖登陆行动。这场战役在英文中被称为"Typhoon of Steel"，在日文中被称为"铁雨"或"铁暴风"。从这些代号也可看出战斗的激烈程度。

阅读思考

　1.冲绳之战的战略意义是什么？

　2.英国首相丘吉尔是如何评价这次战斗的？

　3.美国最终决定对日本使用刚研制成功的原子弹的原因是什么？

日本投降

1945 年 7 月，中、美、英三国联合发表《波茨坦公告》，敦促日本无条件投降。当时，美国在日本广岛投下了原子弹，苏联也宣布将对日作战。可以说，面对世界反法西斯同盟的一致行动，日本面临着非常大的压力。在这种情况下，日本政府将如何做出决定呢？是继续战斗，宁为玉碎，不为瓦全，还是无条件投降呢？

1945 年 8 月 9 日，在日本的东京皇宫防空洞里，一群军政要人正在激烈地争论着：

"从目前国内外局势来看，在维护国体、保存天皇制度的前提下只能无条件投降！……"外相东乡茂德**垂头丧气**【**专家解疑**：形容情绪低落、失望懊丧的神情。】地说着，两手一摊，倒在沙发上。

7 月间，中、美、英三国联合发表《波茨坦公告》，敦促日本必须立即无条件投降，否则就将它彻底消灭。8 月 6 日，美国在广岛投下了原子弹。8 月 8 日，就是在前一天，苏联对日宣战。9 日零时刚过，苏联百万红军以**迅雷不及掩耳**【**专家解疑**：比喻动作或事件突然而来，使人来不及防备。】的凌厉攻势，向盘踞在中国东北的日本 70 万关东军发起了全线总进攻。东乡外相清楚，在世界反法西斯总反攻的浪潮中，日本就像只破败的帆船，很快就会在风雨飘摇中沉没。

然而，并不是每一位政要都甘心这样的结局。

海军司令部总长丰田副武说道："要投降，除维护国体外，还必须附带三个条件：一、日本自行处理战犯；二、自主地解除武装；三、盟军不得占领日本本土……"

"与其无条件投降，不如实行本土决战！"陆相阿南惟几打断丰田副武的话，一拍桌子，站起身朗声说："我们在本土决战，虽然不能确定胜利，但还可一战，打得好还可以击退登陆敌军。所以，我坚决反对无条件投降！"【名师点拨：虽然战争胜利无望，但是无条件投降对于陆相阿南惟几来说是无论如何也不能接受的，突出了他负隅顽抗的性格特征。】

会议没有结果。

下午，首相铃木召开内阁会议。铃木简单说了两句，然后由外相东乡报告了苏联参战及原子弹爆炸后各方面的反映，提出日本应投降，会场又展开了争论。**最后，铃木征询各大臣是否应接受《波茨坦公告》无条件投降，结果六人赞成，三人反对，五人没有表态。铃木无可奈何地说："内阁既然不能决定，只好上奏天皇了……"【名师点拨**：面对世界反法西斯的总反攻浪潮，日本不得不面临来自各方面的压力，虽然内阁会议并没有结果，但从投票情况也能反映出日本已经有无条件投降的可能。】

随后的御前会议仍旧在皇宫**防空洞【专家解疑**：①为了防备敌人空袭而挖掘的供人躲避或储存物品用的洞。②比喻可以掩护坏人、坏思想的事物。】中举行，天皇裕仁来到会议室。

铃木先让书记官朗读《波茨坦公告》，然后宣读他拟好的提案：

"日本政府准备接受 1945 年 7 月 26 日由美国、英国、中国政府，以及后来由苏联政府签字的在波茨坦发表的联合公告中所列举的条款，但应取得如下谅解，即上述公告并不含任何有损于陛下作为至高统治者之特权的要求。"

接着，由东乡说明提案理由，"对日本来说，接受《波茨坦公告》虽不体面，但在目前情况下不得不接受。再加上原子弹出现，苏联又对我宣战，时局【**专家解疑**：当前的政治局势。】急变，对方更加强硬。"他停顿了一下，又说，"此时此刻，只能提出一条，就是维护天皇制度。只要天皇保存，我大和民族就有复兴之日。"

他刚说完，陆相阿南、梅津和丰田等人马上表示反对，争议又起。铃木摆了摆手，示意大家安静，然后把目光转向了天皇。

天皇裕仁一直默默地听着众人的辩论，这时他喃喃地说道：**"这几天一直尽听有自信取胜的话，但计划和实践并不一致。就目前的样子，要对付盟国军队，看来没有胜利的希望……"【名师点拨**：从日本天皇的这句话中可以看出，之前日本天皇是没有想过要投降的，因为他始终认为自己的军队可以胜利，但如今的他已经有了投降的打算，这样的决定也推动了历史的发展。】他把手一挥，"此时只有做这样的决定了……"8月 10 日，美国政府收听到了日本接受《波茨坦公告》的广播。**随即征询英、苏、中三方意见，发表了一道复文："自投降之时起，日本天皇必须听命于美国最高司令官……日本政府之最后形式，将依日本人民自身表示之意愿确定之。"【名师点拨**：日本迫于压力和当前局势，做出了无条件投降的决定，自此之后，日本政府便对自己的命运失去了掌控权，反法西斯同盟国将会干预进来。】两天后，美国飞机在东京上空撒下了载有日本政府接受《波茨坦公告》电文和同盟国复文的日语传单。

一时间，政府接受无条件投降的消息在日本民众中宣传开来。

8月14日，天皇再次召开御前会议。会上，陆相阿南等人声泪俱下，他们说：同盟国复照对保护天皇制度措辞不明，恳请天皇准予再提出照会。如同盟国不允许保护天皇制度，那只有继续战争，死里求生。会场上一片沉默。

终于，天皇裕仁说道："我的异乎寻常的决定没有变……"会场顿时响起一片呜咽和啜泣声。天皇下令起草接受无条件投降的诏书，并将诏书录音，准备在第二天播出。主战派的一伙少壮侍卫军官得知这一消息，决定发动政变。这天晚上，他们闯入皇宫，四处搜寻，企图劫走天皇广播诏书的录音唱片，阻止向全国广播。警卫部队很快就镇压了这次叛乱。投降诏书立即在电台播出。主战派头子陆相阿南在他的**官邸【专家解疑**：由公家提供的高级官员的住所（区别于"私邸"）。】剖腹自杀。8月28日，美国空军的飞机在东京机场降落。大批的英、美军队开始在日本海岸登陆，实现对日本的占领。

9月2日上午，日本东京湾晴空万里、碧波无垠。美国战列舰"密苏里号"迎来了一个庄严的时刻。9时许，日本新任外相重光葵和日本参谋总长梅津美治郎代表日本政府在投降书上签字。随后，接受投降的同盟国代表，即盟军最高统帅麦克阿瑟上将、美国尼米茨海军上将、中国徐永昌将军、英国福莱塞海军上将、苏联杰列维亚科中将，以及澳大利亚、加拿大、法国、荷兰、新西兰等国的代表依次签字。

至此，日本帝国主义历时15年的侵略战争以彻底失败而告终。第二次世界大战也以全世界人民的伟大胜利而结束。

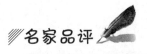
名家品评

　　当时的世界局势是，德国已经被击败，第二次世界大战即将结束，此时如果日军再坚持作战，将要面临的后果是成为全球人民的公敌。面对各界压力，日本选择了无条件投降，结束了长达15年的侵略战争，也标志着第二次世界大战以全世界人民的伟大胜利而结束。因此，日本的无条件投降意义重大。

阅读思考

1. 日本天皇裕仁最终做出了怎样的决定？

2. 日本宣布无条件投降后，主战派又采取了哪些行动？最终结果如何？

3. 日本宣布无条件投降的意义是什么？

正义审判

第二次世界大战给世界人民带来了巨大灾难。战争过后，犯下重大罪行的战犯们即将接受审判，这是对他们所犯下罪行的正义审判。但是我们看到，一些战犯竟然毫无悔过之心，麻木不仁到令人发指的程度。那么，战犯们最后面临的是怎样一场审判呢？

第二次世界大战胜利结束了。这场战争给人类造成了极大的灾难。**据不完全统计，战争总共造成约 5000 万人死亡。据估计，全部交战国直接战费总额计 11540 亿美元。法西斯帝国主义对世界和本国人民犯下了不可饶恕的罪行。**【**名师点拨**：这段话交代了第二次世界大战中世界各国和人民所付出的惨重代价，同时也表现出法西斯帝国主义对世界各国带来的恶劣影响。】造成战争的罪魁祸首是怎样走向毁灭的呢？

纳粹投降后，一并抓了 20 万名大小战犯。其中美国列出的甲级战犯就有 350 名。由于人数太多，无法一一审判，又在甲级战犯中"精选"出了 22 名"主犯"。审判地点在德国的纽伦堡和日本的东京。

纽伦堡的军事法庭判处 10 名战犯极刑。1946 年 10 月 15 日或 16 日晚执行。这些要犯都是希特勒纳粹的重要人物，其中有希特勒第二把手、空军司令戈林，外交部部长里宾特洛浦，理论家罗森堡，劳工

部长罗拔特·李，内务部

长刽子手希姆莱的助手弗里克，波兰总督弗兰克等。

这些曾在欧洲**不可一世**【**专家解疑**：自以为在当代没有一个人能比得上，形容极其狂妄自大。】、杀人如麻的纳粹要犯，很少有低头认罪的，为了活命居然向柏林盟军管制委员会上诉，要求免于极刑。也有人私下四处奔走为他们游说，英国陆军元帅蒙哥马利、美国总统杜鲁门和英国首相艾德礼都收到了一些求情者和私人信件。但结果仍维持原判。

戈林被捕时，仍不可一世。他身边除妻子、女儿外，还有四名副官、两名司机和六名炊事员。当他见到美军第七军军长派赤时，还手持一根镶了 24 只金鹰的短杖，厚着脸皮说："战争就像踢一场足球。谁赢了就该握输家的手，一切都忘记了。"

派赤严厉地要他交出短杖，他居然说："这是我权威的象征。"

【**名师点拨**：从戈林的行为和言语可以看出，他是一个多么顽固的法西斯分子，在他看来，战争不过是显示其权威的方式，这显示出他的无情、嚣张与昏庸。】

当他知道被判处极刑时，他吞服了随身携带的两粒毒药。当看守发现时，戈林已经停止痉挛，一命呜呼了。

里宾特洛甫是希特勒的外交顾问，他曾去莫斯科签订了苏德协定。**在审讯时，他最喜欢说的是"我患了健忘症"，对于杀害犹太人的罪**

行他始终假装一无所知。【**名师点拨**：虽然战争已经结束，但这些曾经犯过滔天大罪的战犯们却并不想承认自己的罪行，他们假装一无所知，这更突出了他们的残忍。】

然而在纽伦堡，凭的是证据而不是言辞。要犯除了希特勒投降前自杀、包尔曼在逃外，其余共 21 名被捕。通过审讯和反复调查对质，又揭露出许多骇人听闻的罪行。

戈林的自杀使得当时的监狱乱作一团，但并未打乱原先制定的周密计划。16 日凌晨 1 点左右，罪犯们被带到一个灯火辉煌的体育馆，馆内竖立着 3 个漆成黑色的绞架，死囚们的手臂都被反绑着，由宪兵左右架着带进来。

绞刑架平台下有 13 级阶梯，犯人站在一块活板上，套上绞索之后，活板便被抽开，犯人两脚悬空后咽气。

临刑前有几秒钟时间让战犯**忏悔**【**专家解疑**：①认识了过去的错误或罪过而感觉痛心。②向神佛表示悔过，请求宽恕。】或是留下最后遗言。早晨 4 点，戈林和另九位战犯的尸体被塞进棺材，装上卡车，送往火葬场火化。为保密起见，美军接管了火葬场，留下的两名德国工人也起誓永远严守秘密。官方文件含糊其辞地说死囚的骨灰被撒在德国某地的一条河里，以防日后纳粹**余孽**【**专家解疑**：指残余的坏人或恶势力。】将河作为圣地去朝拜。

今天已经知道这条河是莎阿河，但并无人前去祭拜。在亚洲，1946 年 5 月 3 日，由中、苏、美、英等 11 国代表组成的远东国际军事法庭，经过长达半年的调查后，对以东条英机为首的战犯，正式开庭审判。

东条英机是日本的重要战犯。正是他，在"九·一八"事变后指挥日本关东军大举侵略中国；正是他，在 1941 年 12 月疯狂发动了太平洋战争；1941 年 10 月起，他充任日本首相兼陆军大臣；1944 年 7 月，在日本败局已定的情况下才被迫下台。但他发动战争的罪行是无法逃脱的。

东条英机知道自己的末日快到了。经过反复考虑，他准备自杀，并请医生确定了心脏的位置，用墨汁在胸膛上做了标记。当美国士兵逮捕他时，他已开枪自杀。东条英机的子弹没有射中要害，很快就被救活了。1946 年 5 月 3 日 11 时，东条英机、板垣征四郎、土肥原贤二等 28 名甲级战犯被押解到法庭上。

在近两年的审讯过程中，东条英机拒不认罪。他胡说日本发动对外战争是"自卫战争"，"九·一八"事变和"七·七"事变是由中国"不正当行为引起的"……【名师点拨：东条英机在侵华战争中犯下了滔天罪行，却毫无悔过之心，可见他已经完全成了日本嚣张野心的杀人工具，顽固的执念已经让他泯灭了人性。】在死前的遗书中，东条英机写道：

"想起刚开战时的情况，令人悲痛断肠！这次死刑，对个人是种安慰。但作为国际性的犯罪，我始终认为是无罪的，只不过是在强力面前的屈服。"

东条英机至死也不认罪，真是冥顽【专家解疑：昏庸顽钝。】不化。

1948 年 11 月 4 日远东国际军事法庭再次开庭，判决日本首要**战犯【专家解疑**：发动非正义战争或在战争中犯严重罪行的人。】25 人有罪。其中东条英机、板垣征四郎、土肥原贤二、广田弘毅、木林兵太郎、松井石根、武滕章 7 人被判处绞刑。

12 月 23 日零点，东条英机及其他 6 名战犯被送上绞刑架，结束了他们罪恶的一生。

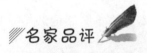

名家品评

　　第二次世界大战中，德、日投降后，同盟国便分别在德国纽伦堡和日本东京先后设立了两个国际军事法庭——"国际军事法庭""远东国际军事法庭"。两个法庭的任务和目的是：把轴心国的某些国家领导人当作首要的或主要的战争罪犯而加以逮捕、侦查、起诉、审讯和判刑。从历史发展来看，用法律去对战败国领导人实施制裁，是第二次世界大战之后的一个新创举。

阅读思考

1. 第二次世界大战给人类造成了怎样的灾难？

2. 纳粹要犯戈林是一个怎样的人？他最后的结局如何？

3. 东条英机在第二次世界大战中犯下了哪些罪行？

联合国成立

1945 年 4 月 25 日，成千上万的市民聚集在美国西部第二大城市旧金山市的大歌剧院前，主要是因为全世界反法西斯国家的代表将在这里聚会，讨论成立联合国的事宜，市民聚集于此，表现出久经战乱的人民渴望和平的心情。那么，联合国成立的时候又经历了哪些波折？如何顺利解决？仔细阅读下文，你将会找到满意的答案。

1945 年 4 月 25 日，美国西部第二大城市旧金山市大歌剧院前，成千上万的市民冒雨赶来，翘首等待着。

人们**兴高采烈**【**专家解疑**：兴致高，情绪热烈。】，群情振奋。今天，全世界反法西斯国家的代表将在这里聚会，讨论成立联合国的事宜。

从 1937 年 7 月日本帝国主义血腥侵略中国开始，全世界笼罩在战争的阴影之下。1939 年 9 月，德国法西斯突然袭击波兰，第二次世界大战全面爆发。战火蔓延到了世界上 60 多个国家和地区，20 多亿人蒙受了战争带来的巨大苦难。人民渴望着打败德、意、日法西斯侵略者，渴望着持久的和平早日到来。

1943 年 10 月，中、美、英、苏四国代表在莫斯科发表《普遍安全宣言》，这是呼吁建立国际安全机构的开端。不久后，中、美、英和苏、美、英分别举行了开罗会议和德黑兰会议，商讨战胜德国、日本及战后的共同策略。此举为大国之间的合作奠定了基础。德黑兰会议期间，美国总统罗斯福和苏联部长会议主席斯大林单独会见，正式提出了成立联合国的建议。

随着反法西斯战争即将胜利结束，如何防止新的世界战争的发生、防止出现新的世界战争策源地成了人们普遍关注的问题。建立一个维护世界和平的共同机构——联合国，就成了人们普遍关注的共同话题。

1944年8月至10月，美、苏、中、英四大国代表在美国华盛顿的敦巴顿橡胶园连续举行会议，起草联合国章程。虽然，在成立联合国问题上，各国有着相同的出发点，但是，各自又有不同的目标。特别是美、苏两国，因为意识到战后对方将成为主要对手，因此他们都极力在联合国的机构和权力上争取有利于各自国家的规定，在一些关键问题上，激烈争论，相持不下。

苏联提出，联合国安全理事会中，苏、英、美、中、法五个常任理事国应有否决权，即只要五国中有一个国家反对，表决就无效。【**名师点拨**：这种权利不仅表现出这五个国家在联合国拥有非凡的地位，同时也表现出这五个国家为国际和平所做出的卓越贡献。】因为在当时，大国中只有苏联一个社会主义国家，在很多问题上，它是少数，有了否决权就可以保证苏联不会吃亏。英、美代表则坚决反对拥有"否决权"，

🔍 **好词好句**

相持不下

＊随着反法西斯战争即将胜利结束，如何防止新的世界战争的发生、防止出现新的世界战争策源地成了人们普遍关注的问题。

主张少数服从多数。

出于同样的动机，苏联又提出让它的两个加盟共和国——乌克兰和白俄罗斯直接成为联合国成员。这样，苏联就可以有三票的表决权。这显然是英、美两国所不能接受的。

双方**争执【专家解疑**：争论中固执己见，不肯相让。】不下，问题一直没有解决。直到 1945 年 2 月，在苏联雅尔塔会议上，罗斯福和丘吉尔考虑到要争取苏联的同意，全力击败德国并对日宣战，才同意了苏联的建议。并计划在 4 月间，在美国旧金山召开世界各国反法西斯国家代表大会，讨论成立联合国问题。

盼望已久的日子到来了，人们怎么能不激动万分呢？【名师点拨：这句话运用了反问的句式来表达人们的激动心情。充分体现出人们对战争的厌恶和对和平的渴望。】25 日下午 4 时，载着 46 个国家代表的一长列小轿车，在蒙蒙的细雨中驶向了旧金山市大歌剧院，人群沸腾起来。美国代表下车了，共 156 人，是人数最多的代表团，接着是中国代表 75 人，英国代表 65 人，苏联代表 15 人。四个发起国与其他国家的代表共 850 人进入了歌剧院。两旁的人们向他们抛撒着鲜花，表达着欢迎之情。1800 名各国记者也蜂拥入场。

1500 张可以列席会议的旁听券早已发完，成千上万的市民则伫立在歌剧院外。开幕式很快就结束了，代表们走出会场时，人们热烈地齐声欢呼"和平！和平！"，口号声久久地回荡在旧金山市上空。

第二天——4 月 26 日，按照会议议程，美国、中国、苏联、英国四个发起国的外长依次发言，共同表示要为维护世界和平而竭尽全力。苏联外长莫洛托夫在演说中生动地表达了斯大林领导下的苏维埃社会主义政府和苏联人民衷心地希望世界永久和平，以及对建立国际安全机构的**真挚**【<u>专家解疑</u>：真诚恳切（多指感情）。】态度，获得了全世界爱好和平人民的好评。

会议前后开了整整两个月，这时的会员国已增加到了 50 个。6 月 26 日，大会一致通过联合国宪章，各国代表在宪章上签字。中国共产党的代表董必武，作为中国代表团成员之一，也在宪章上签了字。

根据旧金山会议决定，联合国于 1945 年 10 月 24 日宣告成立。它的总部设在美国纽约。

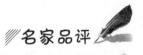

名家品评

　　第二次世界大战之后，为了维护战争的胜利成果，也为了避免世界大战的再一次爆发，联合国应运而生。虽然在成立之初，各国为了维护自身的权利而存在争端，但是随着时间的推移，各国都做了相应的妥协。维护世界和平始终是各国共同的目标。

✚ 阅读思考 ···

1. 为什么会成立联合国？

2. 联合国成立之前，各国之间存在哪些分歧？

3. 联合国成立的目的是什么？

重点测试
|ZHONGDIANCESHI|

一、填空题

1.金字塔建造于_____（国家），其中最大的一座是第_____王朝的法老_____的金字塔。

2.1775 年 4 月 19 日，_____人民在莱克星顿打响了反抗英国殖民统治的第一枪，北美各州人民纷纷响应，轰轰烈烈的美国_____战争爆发了。

3.继独立战争之后的美国第二次革命是_____。_____（人名）成了黑人解放的象征。

4.在保卫马德里的战争中，国际纵队中的人们都来自_____、_____、_____等 54 个国家。

5.联合国的常任理事国有_____、_____、_____、_____、_____。

二、选择题

1.汉谟拉比是_____国的国王。

A. 古埃及   B. 古巴比伦

C. 古印度   D. 古中国

2. 海地著名领导者杜桑是受到_____（国家）将领的欺骗进

而丧命的。

A. 法国　　　　　　B. 英国

C. 葡萄牙　　　　　D. 德国

3. 第二次世界大战中，日本投降的日期是_____。

A.1945 年 9 月 1 日　　　B.1945 年 7 月 15 日

C.1945 年 8 月 15 日　　　D.1945 年 10 月 1 日

三、判断题

1. 麦哲伦通过阅读马可·波罗的《东方见闻录》之后才对东方

产生了浓厚的兴趣。（　　）

2. 拿破仑身为法国人，能说一口流利的法语。（　　）

3. 奴隶贸易的对象主要是黑人。（　　）

4. 马德里保卫战最后以胜利而告终。（　　）

5. 联合国成立的主要目的就是维护世界和平。（　　）

四、简答题

1. 为什么要开辟新航路？

2. 珍珠港具有怎样的重要性？

一、填空题

1. 古埃及　四　胡夫

2. 波士顿　独立

3. 南北战争　林肯

4. 苏联、中国、法国、美国、加拿大、意大利、德国、波兰、捷克斯洛伐克等54个国家（选任意三个）

5. 英国　美国　中国　法国　俄罗斯

二、选择题

1. B　2. A　3. C

三、判断题

1. ×，是哥伦布。

2. ×，不能。

3. √。

4. ×，没有，马德里最终陷落了。

5. √。

四、简答题

1. 随着社会经济的发展，人们对货币的需求也在不断增加。由于社会上流通的货币奇缺，严重地制约了资本的积累。人们对它的欲望是无穷的，而欧洲每年的黄金开采量却非常有限，再加上欧洲社会上层对东方奢侈品的需求也在不断增加。东西方的商物流通导致了金银的大量外流。这一切都导致了人们狂热地寻找黄金。而当时，那里的人们认为黄金大多存在于东方，所以开辟新的去往东方的航路成了当时迫切需要解决的问题。

2. 太平洋上的珍珠港是主要的交通枢纽，夏威夷东距美国西海岸，西距日本，西南到诸岛群，北到阿拉斯加和白令海峡，都在2000海里到3000海里之间，跨越太平洋南来北往的飞机，都以夏威夷为中续站。日本认为先在太平洋上夺取制空制海权，就意味着南下的道路畅通无阻了，必须先摧毁珍珠港，于是日本策划了珍珠港突袭事件。